Y
5641
A

Yf 660A

SEMIRAMIS
TRAGEDIE.

Par Mr. DE CRÉBILLON.

Le prix est de 20 sols.

A PARIS,

Chez PIERRE RIBOU, seul Libraire de l'Académie Royale de Musique, Quay des Augustins, à la Descente du Pont-Neuf, à l'Image S. Louis.

M. DCC. XVII.
Avec Approbation & Privilege du Roy.

APPROBATION.

J'Ay lû par l'ordre de Monseigneur le Chancellier, *la Tragedie de Sémiramis* ; cette Reine y fait voir des sentimens coupables : mais son châtiment, au deffaut de ses remords, peut servir d'instruction. Le Public en a vû les Representations avec plaisir ; & j'ay crû que l'Impression luy seroit agréable. Fait à Paris ce 28 May 1717.

Signé, DANCHET.

PRIVILEGE DU ROY.

LOUIS par la grace de Dieu Roy de France & de Navarre : A nos Amez & féaux Conseillers les Gens tenans nos Cours de Parlement, Maîtres des Requêtes ordinaires de nôtre Hôtel, Grand Conseil, Prevôt de Paris, Baillifs, Sénéchaux, leurs Lieutenants Civils, & autres nos Justiciers qu'il appartiendra, SALUT. Nôtre Amé le Sieur DE CREBILLON, Nous ayant fait remontrer qu'il desireroit donner au Public *un Recueil de Pieces de Théatre, & autres Ouvrages de sa composition*, s'il Nous plaisoit luy accorder nos Lettres de continuation de Privilege sur ce nécessaires, Nous luy avons permis & permettons par ces Presentes de faire réimprimer ledit Recueil, & imprimer ses autres Ouvrages en telle forme, image, caractères, en un ou plusieurs Volumes, conjointement ou séparément, & autant de fois que bon luy semblera ; & de les faire vendre & débiter par tout nôtre Royaume, pendant le temps de dix ans nées consécutives, à compter du jour de la datt desdites Presentes. Faisons deffenses à toutes personnes, de quelque qualité & condition qu'elles soient, d'en introduire d'Impression étrangere dans aucun lieu de nôtre obéïssance ; & à tous Imprimeurs, Libraires & autres, d'imprimer, faire imprimer, vendre, faire vendre, débiter, ny contrefaire aucuns desdits Recuëil, & autres Ouvrages, en tout ny en partie, sans la permission expresse & par écrit dudit Sieur Exposant, ou de ceux qui auront droit de luy, à peine de confiscation des Exemplaires contrefaits, de trois mille livres d'amende contre chacun des contrevenans, dont un tiers à Nous, un tiers à l'Hôtel-Dieu de Paris, l'autre tiers audit Exposant, & de tous dépens, dommages & interêts. A la charge que ces Presentes seront enregistrées tout au long sur le Regiftre de la Communauté des Imprimeurs & Libraires de Paris, & ce dans trois mois de la datte d'icelles, que l'Impression desdits Recuëil & Ouvrages sera faite dans nôtre Royaume, & non ailleurs, en bon papier & en beaux caracteres, conformément aux Reglemens de la Librairie ; & qu'avant que de les exposer en vente, il en sera mis deux Exemplaires de chacun desdits Recuëil & Ouvrages dans nôtre Bibliotheque publique, un dans celle de nôtre Château du Louvre, un dans celle de nôtre très-cher & féal Chevalier Chancellier de France, le Sieur Pnelypeaux, Comte de Pontchartrain, Commandeur de nos Ordres ; le tout à peine de nullité des Presentes : du contenu desquelles Vous mandons & enjoignons de faire joüir l'Exposant ou ses ayans cause pleinement & paisiblement, sans souffrir qu'il leur soit fait aucun trouble ou empêchements. Voulons que la copie desdites Presentes qui sera imprimée au commencement ou à la fin desdits Recuëil & Ouvrages, soit tenuë pour dûëment signifiée, & qu'aux copies collationnées par l'un de nos amez & féaux Conseillers & Secretaires, foy soit ajoûtée comme à l'Original. Commandons au premier nôtre Huissier ou Sergent de faire pour l'éxécution d'icelles tous Actes requis & nécessaires, sans demander autre permission, nonobstant Clameur de Haro, Chartres Normandes, & Lettres à ce contraires. Car tel est nôtre plaisir. Donné à Versailles le huitiéme jour de Février, l'an de grace mil sept cent onze, & de nôtre Regne le soixante-huitiéme Signé, Par le Roy en son Conseil, DE LAMET, & scellé du grand Sceau de Cire jaune.

Il est ordonné par Edit de Sa Majesté de 1686, & Arrêts de son Conseil, que les Livres dont l'Impression se permet par chacun des Privileges, ne seront vendus que par un Libraire ou Imprimeur.

Regiſtré ſur le Regiſtre N. 3. de la Communauté des Imprimeurs & Libraires de Paris, page 141. N. 149, *conformément aux Reglemens, & notamment a l'Arrêt du* 13. *Août* 1703. *A Paris ce* 21 *Février* 1711.

Signé, DE LAUNAY, *Syndic.*

Ledit Sieur de Crébillon a cedé son droit à Pierre Ribou, Libraire à Paris, suivant l'accord fait entr'eux.

ACTEURS.

SEMIRAMIS.

NINIAS,   Fils de Sémiramis, élevé sous le nom d'Agénor.

BELUS,   Frere de Sémiramis.

TENESIS,   Fille de Bélus.

MERMECIDE, Gouverneur de Ninias.

MADATE,   Confident de Bélus.

MIRAME,   Confident de Ninias.

ARBAS,   Capitaine des Gardes.

PHENICE,   Confidente de Sémiramis.

GARDES.

La Scéne est à Babylone, dans le Palais de Sémiramis.

SEMIRAMIS,
TRAGEDIE.

ACTE PREMIER.
SCENE PREMIERE.
BELUS.

HE quoy! toûjours du fort la barbare constance,
De mes justes desseins trahira la prudence ?
Tandis que de ma Sœur appuyant les forfaits,
Il semble chaque jour prévenir ses souhaits !
O justice du Ciel, que j'ay peine à comprendre,
Quel crime faut-il donc pour te faire descendre ?
Quels forfaits aux Mortels ne seront pas permis,
Si tu vois sans courroux ceux de Sémiramis ?
Mere dénaturée, Epouse parricide,

A

SEMIRAMIS,

Moins Reine que Tiran, dans un sexe timide,
Idole d'une Cour sans honneur & sans foy;
Voilà ce que le Ciel protége contre moy.
Envain à son devoir Belus toûjours fidéle,
Implore le secours d'une main immortelle;
Loin de me seconder dans mon juste transport,
Avec Sémiramis tout semble icy d'accord;
Elle triomphe, & moi je suis seul sans deffense.
Et depuis quand les Dieux sont-ils donc sans ven-
    geance?
Mais que dis-je, & les Dieux ne me laissent-ils pas
Pour tout oser, un cœur, & pour fraper, un bras?
Le crime est avéré, pour lui livrer la guerre,
Ma vertu me suffit au deffaut du Tonnerre.
Puisque les noms de Fils & de Mere & d'Epoux,
Sont désormais des noms peu sacrez parmy nous;
Qui peut me retenir? est-ce le nom de Frere
Qui puisse être un obstacle à ma juste colére?
Ombre du Grand Ninus, Belus te fera voir
Qu'il ne connoit de nom que celui de devoir.
Hé! ne suffit-il pas au courroux qui m'anime,
Que ton sang m'ait tracé le nom de la victime?
Mais que vois je, déja, Midare de retour
Devance dans ces lieux la lumiere du jour!

TRAGEDIE.

Qu'il m'est doux de revoir un amy si fidéle ?
Je n'eus jamais icy plus besoin de ton zéle.

SCENE II.
BELUS, MADATE.

MADATE.

Et quel secours encor vous en promettez-vous,
Quand le sort en fureur éclate contre nous ?
Seigneur, ne comptez plus, si voisin du naufrage,
Que sur les Immortels ou sur vôtre courage ;
Sémiramis triomphe, Agenor est vainqueur,
Rien n'a pû soûtenir sa funeste valeur ;
Ce Héros que le Ciel jaloux de vôtre gloire
Forma pour vous ravir tant de fois la victoire,
Chéri d'elle, encor plus que de Sémiramis,
Inonde nos Sillons du sang de vos amis.
Mais ce n'est pas pour vous le sort le plus à craindre;
Si j'en crois mes soupçons que vous êtes à plaindre ?
Vous êtes découvert, Megabize a parlé.

BELUS.

Megabize ?

MADATE.

Sans doute, il a tout révélé.

A ij

SEMIRAMIS,

Seigneur, il vous souvient que de nôtre entreprise
Vous aviez nommé chef le traitre Megabize ;
Cet infidéle & moi, nous nous étions promis
De faire sous nos coups tomber Sémiramis.
Déja, le bras levé, sa mort étoit certaine.
Nous nous étions tous deux placez près de la Reine,
Tous prêts en l'immolant de vous proclamer Roy.
Megabize un instant s'est approché de moy,
Gardons-nous d'achever, m'a t-il dit, cher Madate,
Il faut qu'en lieux plus sûrs nôtre courage éclate;
Tu sçais que nous verrons bien-tôt Sémiramis
Voler avec fureur parmy ses ennemis ;
Laissons-la s'y porter, sans nous éloigner d'elle;
Observons cependant cette Reine cruelle.
Je ne sçais quel soupçon tout-à-coup m'a saisi.
Je l'observois, Seigneur, & Megabize aussi.
Le combat cependant de toutes parts s'engage,
Et n'offre à nos regards qu'une effroyable image;
Megabize, ay-je dit-il, est temps de fraper,
La victime à nos coups ne sçauroit échaper,
On ne se connoît plus, le désordre est extrême...
Je réserve, a-t-il dit, cet honneur pour moi-même.
Et le lâche a tant fait, que par mille détours
Il a de nos malheurs éternizé le cours.

TRAGEDIE.

Seigneur, j'ay vû périr tous ceux que vôtre haine
Avec tant de prudence armoit contre la Reine.
Au retour du combat, jugez de ma douleur,
Quand j'ay vû, l'œil terrible & rempli de fureur,
Vôtre Sœur en secret parler à Megabize?
A ce cruel aspect, peignez-vous ma surprise?
Le perfide à son tour surpris, déconcerté,
De la Reine à l'instant vers moi s'est écarté;
Je l'attire aussi-tôt dans la Forêt prochaine;
Et là, sans consulter qu'une rage soudaine,
Furieux, j'ay perçé le sein où trop de foy
Vous avoit fait verser vos secrets malgré moy.
J'ay mieux aimé porter trop loin ma prévoyance,
Que de risquer vos jours par trop de confiance.

BELUS.

Tout est perdu, Madate, il n'en faut plus douter:
Si tu pouvois sçavoir ce qu'il m'en va coûter?
Mais, ce seroit te faire une injure nouvelle,
Que de cacher encore ce secret à ton zéle.
Cher amy, ne crois pas qu'un soin ambitieux
Arme contre sa Sœur un Frere furieux;
Ce n'est pas qu'à regret la fierté de mon ame
N'ait ployé jusqu'icy sous les loix d'une femme;
Mais je suis peu jaloux du pouvoir souverain,

A iij.

Jamais Sceptre sanglant ne soüillera ma main;
Tu ne me verras point, quelque gloire où j'aspire,
Du sang des malheureux acheter un Empire;
De soins plus genereux mon esprit agité,
N'aime que du devoir l'âpre severité.
Ce n'en est pas l'éclat, c'est la vertu que j'aime;
Je fais la guerre au crime, & non au Diadême;
Je veux vanger Ninus, & couronner son Fils.
Voilà ce qui m'a fait soulever tant d'amis;
Et d'une Sœur enfin qui soüille icy ma gloire,
Je ne veux plus laisser qu'une triste mémoire.

MADATE.

Que parlez-vous, Seigneur, d'un Fils du Grand Ninus ?
Toute la Cour prétend que ce Fils ne vit plus.

BELUS.

Depuis dix ans entiers qu'une fuite imprudente
Le dérobe à mes vœux & trompe mon attente,
Je commence en effet à douter à mon tour,
S'il vit & si je dois compter sur son retour.
Les malheurs de son Pere ont trop rempli l'Asie,
Pour retracer icy l'histoire de sa vie.
L'Univers, jusqu'à lui, n'avoit point vû ses Rois
Couronner une femme & s'imposer ses loix.

TRAGEDIE.

Tu sçais, comme ce Prince autrefois si terrible,
Devenu foible Amant de Monarque invincible,
Perdu d'un fol amour pour mon indigne Sœur,
Osa de son vivant s'en faire un Successeur.
Rien ne put me contraindre à celer ma pensée
Sur ce coupable excés d'une flâme insensée.
Mais je voulus en vain déchirer le bandeau ;
L'amour avoit juré ce prodige nouveau.
Tu sçais quel prix suivit le don du Diadême,
Et l'essay que ma Sœur fit du pouvoir suprême ;
Ninus fut égorgé sans secours, sans amis,
Au pied du même Thrône où Ninus fut assis ;
Et pour comble d'horreurs, je vis la Cour souscrire
Aux noirs commencemens de ce nouvel Empire.
Pour moi, je renfermay mon courroux dans mon
    cœur,
Où les Dieux l'ont laissé vivre de ma douleur.
Mais redoutant toûjours après son parricide,
De nouveaux attentats d'une Reine perfide,
Je lui ravis son Fils, ce dépôt précieux
Que me cache à son tour la colére des Dieux.
Je m'étois apperçû que sa cruelle Mere
Craignoit de voir en lui croître un vengeur sévere ;
J'engageay Mermécide à sauver de la Cour

Ce gage malheureux d'un trop funeste amour.
Tu dois avoir connu ce fameux Mermécide,
Sa farouche vertu, son courage intrépide ;
Il fit passer long-tems Ninias pour son Fils,
Mais ce secret parvint jusqu'à Sémiramis.

MADATE.

Seigneur, & par quel sort dévoilant ce mystere,
N'a-t-elle point porté ses soupçons sur son Frere ?

BELUS.

J'employay tant de soins à calmer sa fureur,
Que je ne fus jamais moins suspect à son cœur ;
Mais craignant le courroux dont elle étoit saisie,
Mermécide courut jusqu'au fond de l'Asie,
Cacher dans les Deserts ce Pupille sacré
Qu'à ses fidéles mains la mienne avoit livré.
Cependant pour tromper une Mere cruelle,
De la mort de son Fils je semay la nouvelle ;
On la crut, & bien-tôt j'eus la douceur de voir
Mes projets réussir au gré de mon espoir.
Ninias qui croissoit, Héros dès son enfance,
Réchauffoit chaque jour le soin de ma vengeance ;
Tu sçais, pour occuper mon odieuse Sœur,
Tout ce que j'ay tenté dans ma juste fureur ;
Par combien de détours, armé contre sa vie,

TRAGEDIE.

J'ay de fois en dix ans soulevé l'Assirie.
Je fis plus, tu connois ma Fille Ténésis,
Délices de Bélus & de Sémiramis,
Qui, l'entraînant par tout où l'entraînent ses armes,
L'éléve malgré moi dans le sein des allarmes ;
Et que rien jusqu'icy n'en a pû séparer,
Mes dégoûts sur ce point n'osant se déclarer ;
D'elle & de Ninias, par un saint hymenée,
Je formay le dessein d'unir la destinée ;
Pour rendre encor mon cœur par un lien si doux,
Plus avide du sang qu'éxige mon courroux.
Près de Synope enfin je conduisis ma Fille,
Ce reste précieux d'une illustre Famille ;
Là, dans un bois aux Dieux consacré dès long-tems,
J'unis par de saints nœuds ces augustes Enfans ;
L'un & l'autre touchoient à peine au premier lustre,
Quand je serray les nœuds de cet hymen illustre ;
Avec tant de mystere on les unit tous deux,
Que tout, jusqu'à leur nom, fut un secret pour eux.
Depuis vingt ans mes yeux n'ont point revû le
    Prince ;
On le cherche sans fruit de Province en Province ;
Depuis dix ans, envain Mermécide a couru
Après ce Fils si cher tout-à-coup disparu.

Mais qui vient nous troubler ? quelle indiscrette audace !
Que vois-je ! Mermécide ! est-ce toi que j'embrasse ?
Ah, cher amy, le jour qui te rend à mes vœux,
Ne sçauroit plus pour nous être qu'un jour heureux.
Du sort de Ninias ton retour va m'instruire…

SCENE III.
BELUS, MERMECIDE, MADATE.
MERMECIDE.

Plaise au Ciel, que ce jour qui commence à nous luire,
N'éclaire pas du moins le sort le plus affreux
Qui puisse menacer un cœur si généreux.
Seigneur, n'attendez plus d'une recherche vaine
Un Prince dont la vie est assez incertaine.
Depuis dix ans entiers je parcours ces climats ;
J'ay fait deux fois le tour de ces vastes Etats.
J'eusse dû mieux veiller, depuis cette journée
Où par vous Ténésis à Synope amenée,
A la face des Dieux, dans un bois consacré,
Au Roy de l'Univers vit son hymen juré ;
Je crus que sa beauté qui dévançoit son âge,

TRAGEDIE.

Fléchiroit vers l'amour ce jeune & fier courage;
Mais je ne vis en lui qu'une boüillante ardeur.
Déja sa destinée entraînoit ce grand cœur.
Je fis pendant dix ans des efforts inutiles
Pour remplir Ninias de desirs plus tranquiles;
Son cœur ne respiroit que l'horreur des combats;
Il rougissoit souvent de me voir sans Etats;
Déja, peu satisfait de n'avoir qu'un tel Pere,
Il sembloit de son sort pénétrer le mystere.
Enfin il disparut, & je le cherche envain.
Mais, Seigneur, de Belus quel sera le destin?
Hier, sans me fixer une route certaine,
En attendant la nuit dans la Forêt prochaine,
Je vis un corps sanglant, étendu sous mes pas,
Qu'un reste de chaleur déroboit au trépas;
J'en approche aussi tôt; jugez de ma surprise,
Lorsque dans ce mourant je trouvay Megabize;
Il méconnut long-tems ma secourable main;
Mais, ses regards sur moi s'arrêtans à la fin,
Que vois-je, me dit-il, est-ce vous, Mermec de;
Qui le cœur indigné des fureurs d'un perfide,
Venez pour conserver les restes de ce sang
Que le cruel Madate a tiré de mon flanc?
C'est ainsi que Belus traite un ami fidéle.

A ces mots, peu content du succés de mon zéle,
Peut-être que la main qui prolongeoit ses jours
Plus prudente bien-tôt en eût tranché le cours,
Si de quelques Soldats la troupe survenuë
Ne m'eût forcé de fuïr leur importune vûë.
Si Megabize vit nous sommes découverts.

BELUS à MADATE.

Trop prévoyant amy, qu'as-tu fait ? tu nous perds.

MERMECIDE.

Non, Seigneur, il ne faut que prévenir la Reine;
C'est à nous désormais à servir vôtre haine;
Si Ninias n'est plus, c'est à vous de regner;
Vous me voyez tout prêt à ne rien épargner,
A vous immoler même un Guerrier redoutable,
Imprudent Deffenseur d'une Reine coupable;
Vous n'avez qu'à parler, Seigneur, & cette main
Va percer dès ce jour & l'un & l'autre sein.
J'entends du bruit, on vient, c'est la Reine elle-
même.

BELUS.

Fuis, Mermécide, fuis, le péril est extrême;
Sa haine trop avant t'a gravé dans son cœur,
Pour abuser des yeux qu'instruiroit sa fureur.

TRAGEDIE.

SCENE IV.
SEMIRAMIS, BELUS, TENESIS, MADATE, GARDES.

SEMIRAMIS.

JE triomphe, Bélus, une heureuse victoire
Combleroit aujourd'huy mes desirs & ma gloire,
Si le sort, dangereux même dans ses bienfaits,
Ne m'eût fait triompher de mes propres sujets.
Verray-je encor long-temps la rebelle Assyrie
Attaquer en fureur & mon Sceptre & ma vie ?
Vous, de qui la vertu soûtenant le devoir,
Contre mes ennemis fut toûjours mon espoir,
A qui j'ay confié les murs de Babylone,
Ou plûtôt partagé le poids de ma Couronne,
Mon Frere, je ne sçay, malgré ce nom si doux,
Si mon cœur n'auroit pas à se plaindre de vous.

BELUS.

De moy !

SEMIRAMIS.

Je sçay, Bélus, que de vos soins fidéles
Je dois mieux présumer ; mais enfin, les rebelles
De mes desseins contr'eux sont si bien informez,

B

SEMIRAMIS,

Qu'ils sont tous prévenus aussi-tôt que formez.

BELUS.

Suis-je de vos secrets le seul dépositaire ?
Et sur quoy fondez vous un soupçon téméraire ?
Sur quelle conjecture, ou sur quelle action ?
Vous sçavez que mon cœur est sans ambition.

SEMIRAMIS.

On me trahit, c'est tout ce que je puis vous dire,
(à ses Gardes.)
Allez, c'en est assez, & vous qu'on se retire.
(à Ténésis.)
Princesse, demeurez, l'aimable Ténésis
Sçait qu'elle fut toûjours chere à Sémiramis.

SCENE V.
SEMIRAMIS, TENESIS.
SEMIRAMIS.

JE vois qu'on me trahit, & je crains vôtre Pere,
Mais sans le soupçonner d'un odieux mystére ;
Et quand même il auroit merité mon courroux,
Son injuste rigueur n'iroit point jusqu'à vous.

TENESIS.

Au grand cœur de Bélus, rendez plus de justice ;

TRAGEDIE.

Sa vertu n'admet point un si noir artifice.

SEMIRAMIS.

C'est de cette vertu que je crains les transports;
Bélus ne me tient point compte de mes remords;
Quelque tendre amitié que m'inspire mon Frere,
Je crois toûjours en lui voir un Juge sévére,
Dont les troubles cruels qui déchirent mon cœur,
Me font plus que jamais redouter la rigueur.
De quel œil verra-t-il une superbe Reine,
Le front humilié d'une honteuse chaîne?
Ninus, que de ta mort le Ciel s'est bien vengé;
Ma chere Ténésis, que mon cœur est changé.
Cette Sémiramis si fiére & si hautaine,
Du sort de l'Univers Arbitre & Souveraine,
Rivale des Héros dont on vante les faits,
Qui de son Séxe enfin n'avoit que les attraits;
Vile Esclave au milieu de la Grandeur Suprême,
Maîtresse des Humains, ne l'est plus d'elle-même.
Je ne triomphe pas de tous mes ennemis;
Qu'il en est que mon cœur voudroit avoir soumis;
Je vois que Ténésis indignée & surprise,
Condamne des transports que sa vertu méprise;
Mais de nôtre amitié les liens sont trop doux,
Pour me permettre encor quelques secrets pour vous?

Je vous en dis assez pour vous faire comprendre
Tout ce que ma fierté craint de vous faire entendre.

TENESIS.

Je conçois aisément qu'une cruelle ardeur,
De vos jours malgré vous a troublé la douceur ;
Le reste est un secret, que mon respect, Madame,
Me deffend de chercher jusqu'au fond de vôtre ame.
Vôtre deffaite envain me suppose un Vainqueur ;
J'ignore qui s'est pû soumettre un si grand cœur ;
Je n'ose le chercher dans la foule importune
Qu'attire sur vos pas vôtre auguste fortune.
J'avois cru jusqu'icy que pour plaire à vos yeux,
Il falloit ou des Rois ou des Enfans des Dieux.

SEMIRAMIS.

Et voilà ce qui met le trouble dans mon ame,
Et qui me fait rougir d'une honteuse flâme.
Agénor inconnu ne compte point d'ayeux,
Pour me justifier d'un amour odieux.

TENESIS.

Agénor !

SEMIRAMIS.

Le voilà ce Vainqueur redoutable,
Qu'un front sans ornement ne rend pas moins aimable ;

TRAGEDIE.

Plus funeste pour moy, que ceux qu'il m'a soumis,
Il a traité mon cœur comme mes ennemis ;
Ma raison s'arme en vain de quelques étincelles ;
Mon cœur semble grossir le nombre des rebelles.

TENESIS.

Madame, & quel dessein a-t-il donc pû former?
En aimant Agénor, que prétend-il ?

SEMIRAMIS.

      L'aimer.
Et si ce n'est assez, lui partager encore
Un Sceptre qu'aussi-bien mon amour deshonore.

TENESIS.

Ah Ciel ! & que dira l'Univers étonné ?
A quels soins ce grand cœur s'est-il abandonné ?

SEMIRAMIS.

J'ay fait taire ma gloire, & tu veux que je craigne
Les discours importuns de ceux sur qui je regne.
Ténésis, plût aux Dieux que mon funeste amour
N'eût d'autres ennemis à combattre en ce jour ;
Je braverois bien-tôt ce que dira l'Asie ;
Ce n'est pas là l'effroy dont mon ame est saisie ;
Qu'aux Mortels indignez le Ciel se joigne encor,
De l'Univers entier je ne crains qu'Agénor ;
C'est ce rebelle cœur que je voudrois soumettre,

Et c'est ce que le mien n'oseroit se promettre;
Des Médes aujourd'huy je l'ay déclaré Roy;
Mais je l'éléve envain pour l'approcher de moy;
Envain dans les transports de mon amour extrême,
Sur son front dépoüillé j'attache un diadême;
Pour toucher ce Héros mes bienfaits superflus
Echauffent sa valeur, & ne font rien de plus.
De tant d'amour helas ! foible reconnoissance;
Ses exploits sont encor toute ma recompense.
Ténésis, c'est à toy que ma flâme a recours;
Souffre que de tes soins j'implore le secours,
C'est sur eux désormais que mon cœur se repose;
Tu sçais ce que pour moy nôtre amitié t'impose;
J'en éxige aujourd'huy des efforts généreux....

TENESIS.

Hé que puis-je pour vous qui réponde à vos vœux?

SEMIRAMIS.

Il faut faire approuver mon amour à mon Frere,
Fléchir en sa faveur sa vertu trop austere,
Retenir dans son cœur des leçons que je crains;
Pour relever le mien tous reproches sont vains:
Ce n'est pas tout, il faut de l'amour le plus tendre,
Informer un Héros qui le voit sans l'entendre;
Soulager sur ce point mon courage abbatu,

TRAGEDIE.

Quand ma timidité fait toute ma vertu.
J'ay détrôné des Rois, porté par tout la guerre,
Nul Héros plus que moy n'a fait trembler la terre,
Tout respecte ma voix ; & je crains de parler ;
Le seul nom d'Agénor suffit pour me troubler ;
Je ne sçay quoy dans luy me fait sentir un Maître.
C'est ainsi que l'amour en ordonne peut-être ;
Peins-luy si bien le feu qui dévore mon cœur,
Qu'à son tour ce Héros reconnoisse un Vainqueur ;
Et si l'amour pour moy n'avoit rien à luy dire,
Tente du moins son cœur par l'offre d'un Empire.
Ce Guerrier va bien-tôt se montrer à nos yeux ;
Pour moy, que mille soins rappellent dans ces lieux,
Adieu, pour un moment souffre que je te laisse ;
Ma chere Ténésis, pardonne à ma foiblesse,
Des soins dont sur ta foy mon amour s'est remis ;
Juge par ses transports quel en sera le prix.

SCENE VI.
TENESIS.

Est-ce à moy, juste Ciel, que ce discours s'adresse ?
Qu'oses-tu m'avoüer, téméraire Princesse ?
Que je plains ton amour, foible Sémiramis,

Si son espoir dépend des soins de Ténéſis ;
Pour t'en remettre à moy du succès de ta flâme,
Je vois bien que tu n'as conſulté que ton ame ;
Tu m'aurois mieux caché ſes ſecrets odieux,
Si l'amour d'un bandeau n'avoit couvert tes yeux.
Et toy, cruel amour, qui me pourſuis ſans ceſſe,
Eſt-ce pour éprouver une triſte Princeſſe
Qui t'oſe diſputer l'empire de ſon cœur,
Que tu m'as confié les ſoins d'une autre ardeur ?
Tu ne peux mieux combler ta vengeance fatale,
Qu'en me faiſant ſervir les feux de ma Rivale ;
Et pour comble de maux, quelle Rivale encor ?
Quel triomphe pour toy, redoutable Agénor ?
J'ay dédaigné tes ſoins, ma fierté trop farouche
A vingt fois étouffé tes ſoupirs dans ta bouche ;
Et l'amour juſques-là vient de m'humilier,
Que peut-être à mon tour il faudra ſupplier ;
Entre une Reine & moy, ſur quoy puis-je prétendre
Que ton cœur un moment balance pour ſe rendre ;
S'il ſe laiſſe éblouïr par les offres du ſien,
Que de mépris ſuivront la défaite du mien :
Hé que m'importe, helas ! qu'Agénor me mépriſe ?
Eſt-ce aſſez pour l'aimer, qu'un autre m'autoriſe ?
Un cœur né ſans vertu, ſans honneur & ſans foy,

TRAGEDIE.

Peut-il être en effet un éxemple pour moy ?
Que dis-je ! quoy, déja ma prompte jalousie
Joint l'outrage aux transports dont mon ame est
 saisie ?
Ténésis, pour te faire une généreux effort,
Songe que tu n'es plus Maîtresse de ton sort.
Ah ! Bélus, plût aux Dieux qu'en mon triste hy-
 ménée,
Mon cœur eût de ma main subi la destinée.
Vains regrets, c'est assez, égaremens jaloux,
Mon austere vertu n'est point faite pour vous.
Parlons, n'exposons pas la tête de mon Pere
Aux noirs ressentimens d'une Reine en colere ;
Que de malheurs suivroient son amour outragé.
Puisqu'à servir ses feux mon cœur est engagé,
Instruisons Agénor de cet amour funeste.
A mes foibles attraits laissons le soin du reste.
Vains desirs, taisez-vous pour la derniere fois,
C'est à d'autres qu'à vous qu'il faut prêter ma voix.

Fin du premier Acte.

ACTE II.

SCENE PREMIERE.
AGENOR, MIRAME.

AGENOR.

Où suis je, dans quels lieux la fortune me guide ?
Dieux, que réservez-vous au Fils de Mermécide ?
Vains honneurs, qu'Agénor n'a que trop recher-
    chez,
Sous vos appas flateurs que de soins sont cachez.
Depuis dix ans entiers, éloigné de mon Pere,
Loin de me rapprocher d'une tête si chere,
Je transporte mes Dieux en ce fatal séjour,
Pour n'y sacrifier qu'au seul Dieu de l'Amour.
Mais que j'en suis puni, que l'hymen, cher Mirâme,
Se vange avec rigueur d'une coupable flâme.
Moy qui long-temps porté de climats en climats,
Fis le destin des Rois, subjugay tant d'Etats ;
Qui semblois, pour me faire une gloire immortelle,
N'avoir plus à dompter qu'une Reine cruelle ;

Quand l'Univers en moy croit trouver un Vengeur,
Mon bras, de son Tiran devient le Deffenseur;
Enchanté malgré moy des exploits d'une Reine
Qui ne devroit peut-être exciter que ma haine,
Je viens en imprudent grossir des Etendars
Sous qui l'amour m'a fait tenter tant de hazards.
Pourrois-je sans rougir imputer à la gloire
Des faits où Ténésis attache la victoire;
J'ay tout fait pour lui plaire, & mon cœur jusqu'icy
N'a dans ce triste soin que trop mal réussi.

MIRAME.

Hé quoy, Seigneur, l'éclat d'un nouveau Diadême
Ne pourra dissiper vôtre douleur extrême?
Voulez-vous, trop sensible aux peines de l'amour,
Le front chargé d'ennuis, vous montrer à la Cour?
Songez que ce vain Peuple attentif à vous plaire,
En volant sur vos pas de plus près vous éclaire;
Après ce que pour vous a fait Sémiramis....

AGENOR.

Laissons-là ses bienfaits, parle de Ténésis;
Dans ces superbes lieux voilà ce qui m'amene;
Tout autre soin ne fait que redoubler ma peine.

MIRAME.

Seigneur, vous n'êtes plus dans ces Camps où vos pas

N'avoient d'autres témoins que les yeux des Sol-
    dats ;
Agénor y voyoit Ténéfis fans contrainte,
Le Courtifan oifif n'y caufoit nulle crainte ;
La Reine dont la guerre occupoit tous les jours,
A vos amours d'ailleurs laiffoit un libre cours.
Mais c'eft icy qu'il faut dans le fond de vôtre ame,
Renfermer les tranfports d'une indifcrette flâme ;
Sémiramis en proye à la plus vive ardeur,
Laiffe trop voir le feu qui dévore fon cœur,
Pour ofer vous flater de tromper fa tendreffe ;
Songez à quels périls vous livrez la Princeffe.

AGENOR.

Je ne le fçay que trop, & c'eft le feul effroy
Qui de tant de dangers foit venu jufqu'à moy ;
D'autant plus allarmé, que déja las de feindre,
Mon cœur n'eft point nourri dans l'art de fe con-
    traindre :
Mirâme, tu connois jufqu'où va mon malheur,
Et tu peux condamner l'excès de ma douleur ?
Dieux cruels, falloit-il prendre tant de vengeance
De l'oubly d'un ferment juré dans mon enfance ?
Mais, qu'ay-je à redouter, & qu'importe à mes feux
Que la Reine en courroux fe déclare contre eux ?

Ce n'est pas sous ses Loix que le Ciel m'a vû naître,
Et l'Amour jusqu'icy n'a point connu de maître.
J'avoüeray cependant que l'éclat de ces lieux
A plus émû mon cœur qu'il n'a frapé mes yeux;
Je ne sçay, mais l'aspect des murs de Babylone
M'a rempli tout-à-coup d'un trouble qui m'étonne,
Quoyque m'inspire enfin leur redoutable aspect,
Ces lieux n'ont rien qui doive exciter mon respect;
A la Reine, en un mot, nul devoir ne m'engage;
Ses bienfaits, quels qu'ils soient, sont dûs à mon
 courage;
C'est assez que ce jour m'ait vû déclarer Roy,
Pour ne vouloir icy dépendre que de moy.
Souffre que j'en excepte une Princesse aimable,
Qui soumit d'un coup d'œil un courage indompta-
 ble,
Qui peut-être auroit moins fait pour Sémiramis,
Si le sort à mes yeux n'eût offert Ténésis.
Mais je la vois, vers nous c'est elle qui s'avance;
Laisse-moy seul icy joüir de sa presence.
Prends garde cependant que la Reine en ces lieux
Ne trouble un entretien qui m'est si précieux.

SCENE II.
AGENOR, TENESIS.
TENESIS.

JE vous cherche, Seigneur.
AGENOR.
Moy, Madame!
TENESIS.
Ouy vous-même,
Et vous cherche de plus par un ordre suprême.
Pour remplir vôtre espoir par des soins éclatans,
Je viens vous révéler des secrets importans.
AGENOR.
Quel que soit le dessein qui vers moy vous adresse,
Madame, plût au Ciel, dans le soin qui vous presse,
Que de tous les secrets qu'on veut me révéler,
A quelques-uns des miens un seul pût ressembler;
Que las de les garder, mon cœur souffre à les taire.
TENESIS.
Je n'en viens point, Seigneur, pénétrer le myſtére;
Je n'ay pas prétendu vous déclarer les miens,
Et vôtre cœur pour luy peut réserver les siens;
Le soin de les sçavoir n'eſt pas ce qui m'amene,

Je ne m'empreſſe icy que pour ceux de la Reine.
AGENOR.
Ah! Madame, daignez vous épargner ce ſoin;
Vôtre zéle pour elle iroit envain plus loin;
Je ne veux rien ſçavoir des ſecrets de la Reine,
Que lorſqu'il faut ſervir ſa juſtice ou ſa haine;
Miniſtre à ſon courroux malgré moy dévoüé,
Combien de fois mon cœur m'en a déſavoüé.
S'il s'agiſſoit icy de dompter les rebelles,
Ou de tenter encor des conquêtes nouvelles,
On ne vous auroit pas confié ces ſecrets.
Quoyque tout ſoit ſur moy poſſible à vos attraits,
La Reine dont l'Aſie admire la prudence,
A-t-elle pû ſi mal placer ſa confidence ?
Et quel eſt ſon eſpoir, ou plûtôt ſon erreur ?
Que vous pénétrez peu l'une & l'autre en mon
    cœur.
TENESIS.
Qu'elle s'abuſe ou non ſur ce qu'elle en eſpere,
Vous pourrez avec elle éclaircir ce myſtére;
Je ne me charge icy que de vous informer
Qu'Agénor de la Reine a ſçû ſe faire aimer;
Que l'unique bonheur où ſon grand cœur aſpire,
Seigneur, c'eſt de vous voir partager cet empire;

Sa tendresse & sa main sont d'un assez grand prix
Pour ne pas s'attirer un injuste mépris.

AGENOR.

Les Dieux, pour ajoûter à sa grandeur suprême,
Eussent-ils dans ses mains mis leur puissance même,
Il est pour Agénor un bien plus précieux
Que toutes les grandeurs de la Reine & des Dieux?
Mais puisque malgré moy vous avez pû m'apprendre
Ce dangereux secret que je craignois d'entendre,
Madame, permettez que mon cœur à son tour
Entre la Reine & vous s'explique sans détour.
J'aime, je l'avoüeray, mon courage inflexible
N'a pû me préserver d'un penchant invincible;
Un regard a suffi pour mettre dans les fers
Celuy qui prétendoit y mettre l'Univers.
J'aime, le digne objet pour qui mon cœur soupire,
Quoyqu'il ne brille point par l'éclat d'un Empire,
N'en mérite pas moins par sa seule beauté
Tout l'hommage qu'on rend à la Divinité;
Le Ciel mit dans son cœur la vertu la plus pure
Dont il puisse enrichir les dons de la Nature;
Jugez à ce portrait que je n'ay point flaté,
Si le nom de la Reine y peut être ajoûté.

TRAGEDIE.

Vous me vantez envain son rang & sa tendresse,
Envain à la servir vôtre bouche s'empresse,
Que pourroit-elle, helas ! me dire en sa faveur,
Que vos yeux aussi-tôt n'effacent de mon cœur ?
Ah ! ne les armez point d'une injuste colére,
Princesse, mon dessein n'est pas de leur déplaire,
Les miens ne sont ouverts que pour les admirer,
Et mon cœur n'étoit fait que pour les adorer.

TENESIS.

Je n'ay que trop prévû que l'amour de la Reine
Exciteroit en vous une audace si vaine,
Et mesurant bien-tôt tous les cœurs sur le sien,
Que parmy les Vaincus vous compteriez le mien.
Fier de tant de hauts faits, vous avez crû peut être
Que la seule valeur vous en rendroit le Maître ;
Mais si jamais l'Amour le soumet à vos Loix,
Ce sera le plus grand de vos fameux exploits.
Vingt Royaumes conquis, l'Egypte subjuguée,
L'Affrique en ses Deserts par vous seul reléguée,
N'ont que trop signalé vôtre invincible cœur
Sans enchaîner le mien au Char de leur Vainqueur.
Seigneur, & quel espoir a donc pû vous promettre
Qu'à vos desirs un jour vous pourriez le soumettre ?

Car, si vous n'en eussiez jamais rien attendu,
Vous auriez mieux gardé le respect qui m'est dû.
J'estimois vos vertus, & ce n'est pas sans peine
Que je vous vois chercher à mériter ma haine;
Je ne vous parle point du péril où vos feux
Exposent tous les Miens & moy-même avec eux;
Vous l'auriez dû prévoir, une plus belle flâme
De ce soin généreux eût occupé vôtre ame.
Je veux bien vous cacher d'autres secrets encor
Plus terribles cent fois pour l'amour d'Agénor;
Mais si vous en voulez pénétrer le mystére,
Daignez, si vous l'osez, interroger mon Pere;
Il vient, vous en pourrez mieux apprendre au-
    jourd'huy
Ce qu'il faut esperer de sa Fille & de luy.

Elle sort.

AGENOR <i>seul.</i>

Qu'entends-je! quels mépris! ah c'en est trop,
    ingrate,
Vous n'abuserez plus d'un amour qui vous flâte.
Mais j'apperçois Bélus, fuyons un entretien
Qui ne peut plus qu'aigrir & son cœur & le mien.

TRAGEDIE.

SCENE III.
AGENOR, BELUS.

BELUS.

Arrêtez un moment, j'ay deux mots à vous dire
Qui me regardent, vous, la Reine, & tout l'Empire.
Au mépris de son sang, plus encor de nos Loix
Qui n'ont jamais admis d'Etrangers pour nos Rois,
De ma Sœur & de vous on dit que l'hyménée,
Seigneur, doit dès ce jour unir la destinée ;
L'esprit avec justice indigné de ce bruit,
J'ay voulu par vous-même en être mieux instruit.

AGENOR.

Si ce bruit, quel qu'il soit, a dequoy vous surprendre,
De la Reine, Seigneur, ne pouviez-vous l'apprendre ?

BELUS.

Ah ! je ne sçay que trop ses projets insensez.

AGENOR.

Et moy de vos secrets plus que vous ne pensez.

BELUS.

Si jamais vôtre cœur fut vrayement magnanime,

Vous n'aurez donc pour moy conçû que de l'eſtime.
AGENOR.
Je ne démêle point les divers interêts
Qui vous font en ces lieux former tant de projets;
Il m'a ſuffi, ſçavant dans l'art de les détruire,
D'en préſerver l'état, mais ſans vouloir vous nuire.
Ce diſcours vous ſurprend, mais Prince, pourſuivez,
Et ne regardez point ce que vous me devez.
BELUS.
Je vous devrois beaucoup pour tant de retenuë,
Si la cauſe, Seigneur, m'en étoit mieux connuë:
Mon cœur n'eſt point ingrat, cependant je ſens bien
Qu'il voudroit vous haïr & ne vous devoir rien.
AGENOR.
Je vais donc aujourd'huy, par un aveu ſincere,
Juſtifier icy cette haine ſi chere.
Vous avez crû, ſans doute, en vôtre vain courroux,
Qu'un Etranger ſans nom fléchiroit devant vous;
Et ſur-tout au milieu d'une Cour ennemie,
Où l'on voit ſa puiſſance encor mal affermie;
Que vous n'aviez, Seigneur, qu'à venir m'annoncer
Qu'à l'hymen de la Reine il falloit renoncer,
Pour me voir au deſſein de conſerver ma vie,
Sacrifier l'eſpoir de regner ſur l'Aſie.

TRAGEDIE.

Mais de mes ennemis je brave les projets;
Je crains peu la menace, encor moins les effets.
Et si jamais l'Amour m'entraînoit vers la Reine,
Je consulterois peu ni Bélus ni sa haine.
Mais pour un autre objet dès long-temps prévenu,
Dans des liens plus doux mon cœur fut retenu:
Vôtre Fille, Seigneur, est celle que j'adore,
Ou que sans ses mépris j'adorerois encore.

BELUS.

Ma Fille ! Ténéfis ?

AGENOR.

Un Captif tel que moy
Honoreroit ses fers même sans qu'il fût Roy.

BELUS.

Seigneur, si mes secrets ont besoin de silence,
Les vôtres n'avoient pas besoin de confidence.
Quoy ! d'Aycux sans éclat Agénor descendu,
A l'hymen de ma Fille auroit-il prétendu ?

AGENOR.

On vante peu le sang dont j'ay reçû la vie,
Mais je n'en connois point à qui je porte envie;
D'aucun soin sur ce point mon cœur n'est combattu;
Le destin m'a fait naître au sein de la vertu,
C'est elle qui prit soin d'élever mon enfance,

Et ma gloire a depuis passé mon espérance.
Quiconque peut avoir un cœur tel que le mien,
Ne connoit point de sang plus digne que le sien;
Et quand j'ay recherché vôtre auguste alliance,
J'ay compté vos vertus & non vôtre naissance.

BELUS.

C'est elle cependant qui décide entre nous.
Il est plus d'un Mortel aussi vaillant que vous;
Mais je n'en connois point, quelque grand qu'il puisse être,
Dont le sang d'où je sors ne doive être le Maître.
La valeur ne fait pas les Princes & les Rois;
Ils sont Enfans des Dieux, du Destin & des Loix;
La valeur, quels que soient ses Droits & ses Maximes,
Fait plus d'Usurpateurs que de Rois légimes;
Si la valeur, plûtôt que la splendeur du sang,
Au-dessus des Humains pouvoit nous faire un rang,
Il n'est point de Soldat qu'un peu de gloire inspire,
Qui ne pût à son tour aspirer à l'empire.
Envain sur vos exploits vous fondez vôtre espoir;
Vous voilà revêtu de l'absolu pouvoir;
Mais comment? & par qui? Seigneur, une Couronne

TRAGEDIE.

N'est jamais bien à nous si le sang ne la donne;
La Reine comme moy sort de celuy des Dieux,
Elle regne, est-ce assez pour oser autant qu'eux ?
Imitons leur justice & non pas leur puissance.
L'équité doit regler & peine & recompense.
Quoiqu'il en soit, parmy de peu dignes Ayeux,
Ma Fille n'ira point mêler le sang des Dieux ;
Sur un sang aussi beau si vôtre amour se fonde,
Venez-la disputer au Souverain du monde.

AGENOR.

L'orgüeil de ces grands noms n'éblouït point mes yeux ;
Le mien sans ce secours est assez glorieux
Pour ne rien voir icy dont ma fierté s'étonne;
Un Guerrier généreux que la vertu couronne,
Vaut bien un Roy formé par le secours des Loix ;
Le premier qui le fut n'eut pour luy que sa voix;
Quiconque est élevé par un si beau suffrage,
Ne croit pas du Destin deshonorer l'ouvrage.
Seigneur, à Ténésis je réservois ma foy,
Parce que mon amour la crut digne de moy ;
J'ay voulu vous l'offrir, dans la crainte peut-être
De me voir obligé de vous donner un Maître.
La Reine m'offre icy l'Empire avec sa main ;

Puisque vous m'y forcez ce sera dès demain;
Ne fût-ce qu'à dessein, Seigneur, de vous instruire
Qu'un Soldat n'en est pas moins digne de l'Empire.

BELUS.

Hé bien poursuivez donc, tâchez de l'obtenir;
Mais songez aux moyens de vous y maintenir.

Il sort.

AGENOR *seul.*

Ah! dût-il m'en coûter le repos de ma vie,
Je veux de leurs mépris punir l'ignominie.
La Reine vient, parlons, irritons son ardeur,
Associons ma haine aux transports de son cœur;
Employons, s'il se peut, à flater sa tendresse
Le moment de raison que mon dépit me laisse.

SCENE IV.
SEMIRAMIS, AGENOR.
SEMIRAMIS.

INvincible Héros, seul appuy de mes jours,
A quel autre aujourd'huy pourrois-je avoir recours ?
Je viens de pénétrer le plus affreux mystére;
On me trahit, Seigneur, & le Traitre est mon Frere;
Cette

Cette austére vertu dont se paroit l'ingrat,
Ne servoit que de voile au plus noir attentat ;
Comblé de tant d'honneurs, ce perfide que j'aime
De mes propres bienfaits s'arme contre moy-même ;
C'est luy dont la fureur séduisant mes Sujets,
M'en fait des ennemis déclarez ou secrets.
L'auriez-vous soupçonné d'une action si noire ?

AGENOR.

D'un Prince tel que luy vous devez peu la croire.

SEMIRAMIS.

Seigneur, il n'est plus temps de le justifier,
Il ne faut plus songer qu'à le sacrifier ;
Ma tendresse pour lui ne fut que trop sincere,
Je n'en ay que trop fait pour cet indigne Frere,
Malgré moy, car enfin ce n'est pas d'aujourd'huy
Que mon cœur en secret s'éléve contre luy.
Si vous sçaviez quelle est la fureur qui le guide,
Et tout ce qu'en ces lieux méditoit le perfide ;
Il en veut à vous-même, à mon Thrône, à mes jours,
Si de tant de complots vous n'arêtez le cours.
Mourant, percé de coups par l'ordre de ce Traitre,
Mégabize, Seigneur, dans ces murs va paroître ;

D

Je le fais en secret apporter en ces lieux.
AGENOR.
Madame, devez-vous en croire un furieux ?
Il est vray qu'il accuse & Bélus & Madate.
SEMIRAMIS.
Vous voyez, s'il est temps que ma vengeance éclate.
AGENOR.
Il faut dissimuler un si juste courroux,
Bélus est dans ces lieux aussi puissant que vous;
Gardez-vous d'éclater, plus que jamais, Madame,
Vous devez renfermer vos transports dans vôtre ame;
Tout un Peuple pour luy prêt à se déclarer....
SEMIRAMIS.
Eh bien pendant la nuit il faut s'en assurer.
C'est de vous que j'attends cet important service,
Vous, pour qui seul icy j'ordonne son supplice.
Seigneur, vous vous troublez ! je ne sçay quels transports
Eclatent dans vos yeux malgré tous vos efforts !
AGENOR.
Reine, je l'avoüeray, qu'à regret contre un Frere
Mon bras vous prêteroit icy son ministere;
Non que de vous servir il néglige l'employ,

Mais, daignez le commettre à quelqu'autre que moy ; [deffendre,
Vous ne m'en verrez pas moins prompt à vous
Contre des jours si chers si l'on ose entreprendre.

SEMIRAMIS.

Ah ! Seigneur, ce n'est pas l'interêt de mes jours
Qui me fait d'un Héros implorer le secours.
Plût au Ciel que Bélus n'en voulût qu'à ma vie,
D'un courroux moins ardent on me verroit saisie,
Mais, hélas ! le cruel attaque en sa fureur
Tout ce qui fut jamais de plus cher à mon cœur ;
Ce n'est qu'à le sauver que ma tendresse aspire,
Et ce n'est pas pour moy que je deffends l'Empire.
Seigneur, si Ténésis eût rempli mon espoir,
Mon cœur n'auroit plus rien à vous faire sçavoir ;
Et le vôtre du moins plein de reconnoissance,
Rassureroit du mien la timide espérance.

AGENOR.

La Princesse a daigné dans un long entretien....

SEMIRAMIS.

Hé quoy, vous l'avez vûë & ne m'en dites rien ?
On sçait tout, cependant on garde un froid silence !
On se trouble, on soupire, & même en ma présence.
Quels regards, quel accuëil, & qu'est-ce que je voyt

Sans doute on vous aura prévenu contre moy.
Ah! Seigneur, pardonnez ces pleurs à mes allarmes,
Et n'accusez que vous de mes premieres larmes.

AGENOR.

Quand on est comme vous si resssemblante aux Dieux,
Dans le cœur des Mortels on devroit lire mieux.
Que n'en doit point attendre une Reine si belle?
Quel cœur à ses desirs pourroit être rebelle?
Sans vous offrir icy des soupirs ni des soins,
Peut-être qu'Agénor n'en aimera pas moins;
Son cœur né pour la guerre & non pour la tendresse,
Des Camps qui l'ont nourri garde encor la rudesse;
Et je crois qu'en effet vous n'en attendez pas
Des vulgaires Amants les frivoles éclats.
Mais tel qu'il est enfin, si ce cœur peut vous plaire,
J'accepte tous les dons que vous voulez me faire.

SEMIRAMIS.

Que vous me rassurez par un aveu si doux;
Qu'avec crainte, Seigneur, j'ay paru devant vous.
Hélas! sans se flater, une Reine coupable
Pouvoit-elle esperer de vous paroître aimable?
Pour toucher vôtre cœur je n'ay que mes transports,

Pour me justifier je n'ay que mes remors,
Mais, que dis-je, & pourquoy me reprocher un crime
Que mon amour pour vous va rendre légitime ?
Si jamais dans le sang mes mains n'eussent trempé,
Si quelque heureux forfait ne me fût échapé,
Je ne gouterois pas la douceur infinie
De pouvoir vous aimer le reste de ma vie.
Venez, Seigneur, venez donner à l'Univers
(Qui me vit si long-temps luy préparer des fers)
Un spectacle pompeux qu'il n'osoit se promettre,
C'est de voir à son tour un Mortel me soumettre.
Venez, par un hymen si cher à mes souhaits,
Du perfide Bélus confondre les projets.
Par ces nœuds dont je cours hâter l'Auguste Fête,
Venez de l'Univers m'annoncer la Conquête.
Hélas ! je l'ay privé du plus grand de ses Rois,
Mais je luy rends en vous plus que je ne luy dois.

Fin du second Acte.

ACTE III.

SCENE PREMIERE.
BELUS, MADATE.

BELUS.

MAdate, c'en est fait, la Fortune cruelle
A juré que ma Sœur l'éprouveroit fidéle;
Le traître Mégabize à tes coups échapé,
Nous vend cher à tous deux le trait qui l'a frapé;
Il a de nos complots fait avertir la Reine,
Et je sçay que près d'elle en secret on l'amene.
Il ne nous reste plus dans un si triste sort,
d'autre espoir que celuy d'illustrer nôtre mort:
Mourons, mais s'il se peut avant qu'on nous op‑
  prime,
Honorons mon trépas de plus d'une victime.
Seul espoir, dont mon cœur s'est trop entretenu,
Imprudent Ninias, qu'êtes-vous devenu?

MADATE.

Seigneur, dès que le sort contre nous se déclare,

Que pourroit contre luy la vertu la plus rare?
Et quel espoir encor peut vous être permis
Dans ces perfides lieux à la Reine soumis?
C'est loin d'icy qu'il faut conjurer un orage
Que prétendroit envain braver vôtre courage.

BELUS.

Qui moy, qu'en fugitif j'abandonne ces lieux!
Mes ennemis y sont, & je ne cherche qu'eux.
Le Ciel même dût-il m'accabler sous sa chûte,
Mon cœur n'est pas de ceux que le péril rebute;
Il n'a jamais formé que d'illustres desseins,
Et ma perte aujourd'huy n'est pas ce que je crains.
As-tu fait de ma part avertir Mermécide?
C'est de luy que j'attends un conseil moins timide.
Il vient, cours cependant informer Agénor
Qu'un moment sans témoin je veux le voir encor;
Je conçois un projet qui flate ma vengeance,
Et rend à mon courroux sa plus chere esperance.

SCENE II.

BELUS, MERMECIDE.

BELUS.

Mermécide, sçais-tu jusqu'où vont nos malheurs?

Que ce funeste jour nous prépare d'horreurs ;
Nous sommes découverts, & bien-tôt de la Reine
Nous allons voir sur nous tomber toute la haine.

MERMECIDE.

Je vous ay déja dit, Seigneur, que cette main
N'attend qu'un mot de vous pour luy percer le sein ;
Malgré le faix des ans, l'âge enfin qui tout glace,
Je sens par vos périls réchauffer mon audace.
Prononcez son Arrêt, condamnez vôtre Sœur,
J'immole avant la nuit elle & son Deffenseur ;
Il semble qu'avec nous le sort d'intelligence
Livre à tous vos desseins ce Guerrier sans deffense.

BELUS.

Non, Mermecide, non je n'y puis consentir ;
Epargne à ma vertu l'horreur d'un repentir.
Mon bras ne s'est armé que pour punir des crimes,
Et non pour immoler d'innocentes victimes.
Je l'ay vû ce Héros, tremblant à son aspect,
Je n'ay senti pour luy qu'amour & que respect ;
De quel crime, en effet, ce Guerrier redoutable
Envers les miens & moy peut-il être coupable ?
On n'est point criminel pour être ambitieux.
On offre à ses desirs un Thrône glorieux ;
A ses vœux les plus doux moy seul icy contraire,

Je dédaigne un Héros qui m'est si nécessaire;
Cependant je l'estime, & je sens dans mon cœur
Je ne sçay quel penchant parler en sa faveur.
Je n'ay peut-être icy qu'avec trop d'imprudence,
Laissé d'un vain mépris éclater l'apparence.
Perdons ma Sœur, pour luy, consens à l'épargner;
Loin de le perdre il faut tâcher de le gagner;
Je sçais un sûr moyen de l'armer pour moy-même;
Que te diray-je enfin, c'est Ténésis qu'il aime.

MERMECIDE.

Mais pour en disposer, Seigneur, est-elle à vous ?
Ninias engagé dans des liens si doux,
En a gardé peut-être une tendre mémoire.

BELUS.

Cette union n'étoit que trop chere à ma gloire;
Qui doit plus que Bélus en regretter les nœuds ?
Cet hymen auroit mis le comble à tous mes vœux;
Mais un plus digne soin veut qu'on luy sacrifie
L'espoir qu'eut Ténésis au Thrône de l'Asie;
Il faut à Ninias conserver désormais
Un Sceptre qui doit seul attirer ses souhaits;
Ma Fille fut à luy, mais ce n'est pas un gage
Qui luy puisse assurer un si noble avantage.
A son premier hymen arrachons Ténésis,

Si je veux d'un second priver Sémiramis;
Ninias n'auroit plus qu'une esperance vaine,
Si jamais Agénor s'unissoit à la Reine.
Enfin, puisque le Sort m'y contraint aujourd'huy,
Il faut sans murmurer descendre jusqu'à luy;
En de honteux liens engager ma Famille,
Aux vœux d'un inconnu sacrifier ma Fille.

MERMECIDE.

Mais si de son hymen il dédaignoit l'honneur?

BELUS.

Je l'abandonne après à toute ta fureur.
Adieu, bien-tôt icy ce Guerrier doit se rendre,
En ces lieux cependant songeons à nous deffendre,
Disperse nos amis au-tour de ce Palais,
Qu'aux troupes de la Reine ils en ferment l'accès;
Il faut des plus hardis commandez par moy-même
Placer icy l'élite en ce péril extrême;
Semer de toutes parts des bruits séditieux
Qui puissent ranimer les moins audacieux;
Dire que Ninias voit encor la lumiere,
Qu'il revient pour venger le meurtre de son Pere;
Je veux de ce faux bruit faire trembler ma Sœur,
Porter le désespoir jusqu'au fond de son cœur;
Tandis qu'icy tu vas signaler ton courage,

Que ma vertu du mien va faire un triste usage.

SCENE III.

BELUS.

ENfin, c'en est donc fait, me voilà parvenu
au point de m'abaisser aux pieds d'un inconnu,
De flater une ardeur que j'ay tant méprisée,
Mais que le sort injuste a trop favorisée.
De l'espoir le plus doux il faut me dépoüiller ;
Et du sang de ma Sœur peut-être me soüiller.
Telle est donc de ces lieux l'influence cruelle
Que jusqu'à la vertu s'y rendra criminelle ;
Et lorsque de ses soins la Justice est l'objet,
Elle y doit emprunter les secours du forfait.
Dieux jaloux, dont j'ay tant imploré la vengeance,
Confiez-m'en du moins l'invincible puissance.
Si tel est de mon sang le malheureux destin
Qu'il y faille ajoûter un crime de ma main ;
Que l'Astre injurieux qui sur ce sang préside,
Luy doive un assassin après un parricide ;
Grands Dieux, si vous n'osez vous joindre à mon
  courroux,

Daignez pour un moment m'associer à vous.
On vient, c'est l'Etranger, que de trouble à sa vûë
S'éléve tout à coup dans mon ame éperduë.

SCENE IV.
AGENOR, BELUS.
BELUS.

N'Est-ce point abuser des momens d'Agénor,
Que de vouloir icy l'entretenir encor ?
Seigneur, sans me flater d'une vaine esperance,
Puis-je attendre de vous un peu de confiance ?
Après un entretien mêlé de tant d'aigreur,
Puis-je en esperer un plus conforme à mon cœur ?

AGENOR.

Dès qu'il en bannira l'orgueil & la menace,
Qu'il n'ira point luy-même exciter mon audace,
Bélus peut-il penser qu'Agénor aujourd'huy
Manque de confiance ou de respect pour luy ?

BELUS.

Je vais donc avec vous employer un langage
Dont jamais ma fierté ne me permit l'usage.
Je vois sur vôtre front une auguste candeur,
Don du Ciel, que n'a point démenti vôtre cœur,

Qui semble m'inviter à vous ouvrir sans crainte
Celuy d'un Prince né sans détour & sans feinte.
Mais avant qu'à vos yeux de mes desseins secrets
Je dévelope icy les sacrez interêts,
Il m'importe, Seigneur, de regagner l'estime
D'un cœur que je ne puis croire que magnanime.
Vous avez crû, sans doute, instruit de mes desseins,
Que l'ambition seule avoit armé mes mains ;
En effet, à me voir appliqué sans relâche
Aux malheureux complots où mon couroux m'at-
    tache,   [fenser,
Qui ne croiroit, Seigneur, du moins sans m'of-
A de honteux soupçons pouvoir se dispenser ?
Mais ce n'est pas sur moy qu'aucun desir n'enflâme,
C'est sur les Dieux qu'il faut en rejetter le blâme
La fureur de regner ne m'a point corrompu,
Je regnerois, Seigneur, si je l'avois voulu ;
Si ma Sœur elle-même avoit regné sans crime,
Si sur moy son pouvoir eût été légitime,
Ou si pour la punir d'un parricide affreux,
Les Dieux avoient été plus promts, plus rigoureux,
Vous ne me verriez point attaquer sa puissance,
Ou sur ces Dieux trop lents usurper la vengeance ;
Mais ils m'ont de leurs soins dénié la faveur,

Comme si c'étoit moy qu'eût offensé ma Sœur;
Ou que je dusse seul embrasser leur querelle.
Je ne suis que pour eux, ils ne sont que pour elle.
Mais vous, qu'à mes desseins j'éprouve si fatal,
Lorsque vous devriez en être le Rival,
Avec une vertu que l'Univers révére,
Qui devroit d'elle même épouser ma colere,
Je ne vois qu'un Héros Protecteur des forfaits,
Qui se laisse entraîner au torrent des bienfaits.
Car ne vous flatez point qu'avec quelque innocence
Vous puissiez de ma Sœur embrasser la deffense.
Et comment se peut-il qu'épris de Ténésis,
Vous ayez pû, Seigneur, servir Sémiramis?
Quel étoit donc l'espoir du feu qui vous anime?
Vous sçaviez mes projets, ignorez-vous son crime?

AGENOR.

Et que m'importe à moy ce forfait odieux?
Est-ce à moy sur ce point de prévenir les Dieux?
Pour vous charger icy du soin de son supplice,
Est-ce à vous que le Ciel a commis sa Justice?
Seigneur, dans ses desseins vôtre cœur trop ardent
Ne cache point assez le piége qu'il me tend;
De vos divers complots la trame découverte,
Vous fait de vôtre Sœur vouloir hâter la perte;

TRAGEDIE.

Dans le dessein affreux d'attenter à ses jours,
Vous voulez luy ravir son unique secours.
Cessez de me flater que l'Univers m'admire,
Pour m'en faire un devoir de refuser l'Empire,
De rejetter l'honneur d'un hymen glorieux.

BELUS.

Dites plûtôt, Seigneur, d'un hymen odieux.
Ouy je veux vous ravir ce honteux Diadême,
Vous ôter à la Reine & vous rendre à vous-même,
Retenir la vertu qui fuit de vôtre sein;
De ma Fille & de moy vous rendre digne enfin.
Je vois où malgré vous le dépit vous entraîne;
Mais je veux qu'en Héros la raison vous ramene.
Dussay-je en suppliant embrasser vos genoux;
Je ne vous nieray pas que j'ay besoin de vous;
C'est en dire beaucoup pour une ame assez fiére,
Que l'on ne vit jamais descendre à la priere;
Et si je m'en rapporte au bruit de vos vertus,
C'est en dire encor plus pour vous que pour Bélus;
Croyez que le desir de sauver une vie
Qui malgré tous vos soins pourroit m'être ravie,
N'est pas ce qui m'a fait vous appeller icy;
Ne me soupçonnez point d'un si lâche soucy;
Foibles raisons pour moy, mon cœur en a bien d'autres.

Que je veux essayer de rendre aussi les vôtres.
Dussiez-vous révéler mes secrets à ma Sœur,
Je vais vous découvrir jusqu'au fond de mon cœur;
Quelque soin qui pour elle icy vous interesse,
Je n'éxige de vous ny serment ny promesse.
Quel péril trouverois-je encor à m'expliquer ?
Je n'ay plus rien à perdre, & j'ay tout à risquer.
De mon indigne Sœur la mort est assurée,
Malgré les Dieux & vous mon couroux l'a jurée;
Ouy, Seigneur, & ce jour terminera les siens,
Deviendra le plus grand ou le dernier des miens.
Les Conjurez sont prêts, leur Troupe audacieuse
Portoit jusques sur vous une main furieuse,
Si je n'eusse arrêté leurs complots inhumains.
Quoyque vous seul icy traversiez mes desseins,
La vertu sur mon cœur fut toûjours trop puissante
Pour vouloir immoler une tête innocente.
Mais je ne puis souffrir qu'avec tant de valeur
Vous vous deshonoriez à protéger ma Sœur,
Si je vous haïssois, vôtre mort est certaine,
Je n'ay qu'à vous livrer à l'hymen de la Reine;
Mais je veux vous ravir à ce honteux lien,
Et pour y parvenir je n'épargneray rien;
Abandonnez la Sœur, je vous réponds du Frere.

TRAGEDIE.

Dites-moy, Ténéfis vous eft elle encor chere?
AGENOR.
Cruel, n'achevez pas, j'entrevois vos defseins;
Offrez à d'autres vœux vos prefens inhumains;
Laiffez-moy ma vertu, la vôtre trop farouche
A mon cœur affligé n'offre rien qui le touche;
Et j'aime mieux encore effuyer vos mépris,
Que de vous voir tenter de m'avoir à ce prix;
Si vous l'aviez penfé, je tiendrois vôtre eftime
Plus honteufe pour moy que ne feroit un crime.
Vôtre Fille m'eft chere, & jamais dans mon cœur
Je ne fentis pour elle une plus vive ardeur;
Je l'aime, je l'adore, & mon ame ravie
Eût préféré fa main au Thrône de l'Afie:
Je conçois tout le prix d'un bonheur fi charmant,
Mais je le conçois plus en Héros qu'en Amant.
Vous rempliffez mon cœur de douleur & de rage,
Sans remporter fur luy que ce foible avantage.
Trifte & défefpéré de vos premiers refus,
Et d'un illuftre hymen moins touché que confus,
J'allois quitter ces lieux malgré ma foy promife,
Honteux qu'à mon dépit la Reine l'eût furprife.
Mais, Seigneur, c'eft affez pour m'attacher icy,
Que de tous vos complots vous m'ayez éclaircy;

E iij

Vôtre Sœur en moy seul a mis son esperance,
Fallût-il de mon sang payer sa confiance,
Aux plus affreux dangers vous me verrez courir,
Sans donner à l'Amour seulement un soupir.

BELUS.

Courez donc immoler Ténésis elle-même,
Une Princesse encor qui peut-être vous aime;
Car enfin, à juger de son cœur par le mien,
Mon penchant doit assez vous répondre du sien.
Mais vôtre cœur se fait une gloire sauvage
De refuser du mien un si précieux gage.
Mon Fils, d'un nom si doux laissez-moy vous nommer,
Et dans ses soins pour vous mon cœur se confirmer.
Une fausse vertu vous flate & vous abuse,
Au veritable honneur vôtre cœur se refuse;
Fait-il donc consister sa gloire à protéger
Des crimes dont déja vous m'auriez dû venger.

AGENOR.

Voyez où vous emporte une aveugle colére.
Eh qui deffends-je icy ? la Sœur contre le Frere.
Vôtre cœur croit en vain l'emporter sur le mien,
Malgré tout mon amour je n'écoute plus rien.
Mais si l'on en vouloit à vôtre illustre tête,

TRAGEDIE.

Ma main à la sauver n'en sera pas moins prête;
Entre la Reine & vous, juste, mais généreux,
Je me declareray pour les plus malheureux.
Adieu, Seigneur, je sens que ma vertu chancelle,
Et j'en dois à ma gloire un compte plus fidéle.
Je ne vous cache point ma foiblesse & mes pleurs,
Mon cœur est déchiré des plus vives douleurs;
Mais il faut mériter par un effort sublime,
S'il ne m'aime du moins que le vôtre m'estime.
Vous pouvez vous flater, malgré vôtre couroux,
Que vous m'avez rendu plus à plaindre que vous.

SCENE V.

BELUS.

Esclave de bienfaits, moins grand que téméraire,
Puisque tu veux mourir il faut te satisfaire;
Après t'avoir rendu maître de mes secrets,
Il faut que de tes jours je le sois déformais.
Grands Dieux, qui ne m'offrez que de cheres victi-
    mes,
Ne me les rendrez-vous jamais plus légitimes ?
Mais puisque vous voulez un crime de ma main,
Dieux cruels, il faut bien s'y résoudre à la fin.

SEMIRAMIS.

SCENE VI.

BELUS, TENESIS.

TENESIS.

AH, Seigneur, est-ce vous? que mon ame éperdüe
Avoit besoin icy d'une si chere vûë.
Je ne sçay quels projets on médite en ces lieux,
Mais je ne vois par-tout que Soldats furieux,
Que des fronts menaçants, qu'épouvante, que trouble;
La Garde du Palais à grands-flots se redouble;
La Reine frémissante erre de toutes parts,
Et je n'en ay reçû que de tristes regards;
(Quoiqu'elle m'ait appris que son hymen s'aprête.)
Mais quels aprêts, grands Dieux, pour une telle Fête!
Que mon cœur allarmé de tout ce que je voy,
En conçoit de douleur & de trouble & d'effroy;
D'un son tumultueux tout ce Palais résonne;
Et je sçay qu'en secret la Reine vous soupçonne.

BELUS.

Ma Fille, elle fait plus que de me soupçonner;
Et de bien d'autres cris ces lieux vont résonner;

Que ces tristes aprêts qui causent vos allarmes,
Vont vous coûter bien-tôt de soupirs & de larmes ;
Ma chere Ténésis, on sçait tous mes projets,
Et c'est contre moy seul que se font tant d'aprêts.

TENESIS.

Pourquoy donc en ces lieux vous arrêter encore ?
Souffrez que pour vous-même icy je vous implore ;
Fuyez, daignez du moins tenter quelque secours
Qui d'un Pere si cher me conserve les jours.
Mais un reste d'espoir me flate & vient me luire ;
Je crois même, Seigneur, devoir vous en instruire.
Agénor a pour moy témoigné quelque ardeur
Que n'aura point peut-être étouffé ma rigueur ;
Ainsi que son pouvoir sa valeur est extrême,
Que ne fera-t-il point pour plaire à ce qu'il aime ?

BELUS.

Agénor ! ah ma Fille, il n'y faut plus penser ;
L'insolent ! à quel point il vient de m'offenser.
Ténésis, si c'est là vôtre unique espérance,
Vous me verrez bien-tôt immoler sans deffense.
Je veux à vôtre gloire épargner un récit
Qui ne vous causeroit que honte & que dépit.
Au Maître des Humains je vous avois unie,
Après m'être flaté d'une gloire infinie.

SEMIRAMIS,

Il m'a fallu descendre à des nœuds sans éclat,
Et d'un soin si honteux je n'ay fait qu'un ingrat.
Ma Fille, on vous préfére une Reine barbare,
Contre vous contre moy pour elle on se déclare ;
Je me suis abaissé jusques à supplier ;
Mais qu'un vil Etranger vient de m'humilier.

TENESIS.

Je vous connois tous deux, violents l'un & l'autre,
Son cœur fier n'aura pas voulu céder au vôtre ;
Une timide voix sçaura mieux le fléchir.
Je n'éxamine rien s'il peut vous secourir,
Souffrez pour un moment que je m'offre à sa vûë.

BELUS.

Ma Fille, il n'est plus temps, sa perte est résoluë;
Plus que les miens icy ses jours sont en danger,
De ses lâches refus son sang va me vanger.
Adieu, de ce Palais où bien-tôt le carnage
Va n'offrir à vos yeux qu'une effroyable image,
Fuyez ; dérobez-vous de ce funeste lieu
Où je vous dis peut-être un éternel adieu.

TRAGEDIE.

SCENE VII.
TENESIS.

O Sort, si nôtre sang te doit quelques victimes,
La Reine à ton couroux n'offre que trop de crimes.
Hélas! c'en est donc fait, & je touche au moment
Où je verray périr mon Pere ou mon Amant;
L'un par l'autre, & tous deux, soit l'Amant, soit le Pere, [chere,
Ils n'armeront contre eux qu'une main qui m'est
Et ne me laisseront pour essuyer mes pleurs
Que celle qui viendra de combler mes malheurs;
Mais, en est-ce un pour moy, que la mort d'un Perfide
Qui préfére à ma main une main Parricide?
Dès qu'un lâche interêt le jette en d'autres bras
Que m'importe son sort? ce qu'il m'importe, hélas
Malheureuse; malgré ta tendresse trahie,
Dis qu'il t'importe encor plus que ta propre vie;
Et que l'ingrat luy-seul occupe plus ton cœur
Qu'un Pere infortuné n'excite ta douleur.
Non, non, malgré Bélus il faut que je le voye;
De leur hymen du moins je veux troubler la joye;

M'offrir à leurs regards, l'œil ardent de couroux;
Les immoler tous deux à mes transports jaloux.
Hélas! que ma douleur tromperoit mon attente;
L'ingrat ne me verroit qu'affligée & mourante,
Loin de les immoler, me traîner à l'Autel,
Et moy-même en mon sein porter le coup mortel;
De leur hymen, offrir pour premiere victime
Un cœur qui sans amour auroit été sans crime.
Ah! lâche, si tu veux t'immoler en ce jour,
Que ce soit à ta gloire & non à ton amour.
N'importe, il faut le voir, un repentir peut-être
A mes pieds malgré luy ramenera le traître;
Pour mon Pere du moins implorons son secours,
Luy seul peut m'assurer de si précieux jours;
Heureuse que ce soin puisse aux yeux d'un Parjure
Voiler ceux que l'Amour dérobe à la Nature.

Fin du troisiéme Acte.

ACTE IV.

SCENE PREMIERE.

AGENOR.

Où vais-je, malheureux, & quel est mon espoir?
Indomptable fierté, chimérique devoir,
Si tu veux qu'à tes loix la gloire encor m'enchaîne,
Cache donc mieux l'abîme où mon dépit m'entraîne,
Ou ne me réduis point à te sacrifier
Un bien à qui mon cœur se promit tout entier.
Ah! fuyons de ces lieux, ou laissons dans mon ame
Renaître les transports de ma premiere flâme.
Allons chercher ailleurs des lauriers dont l'honneur
Flate plus ma vertu, coûte moins à mon cœur;
Il ne me reste plus pour l'ébranler encore,
Que de m'offrir aux yeux de celle que j'adore;
Qu'à regret je combats ce funeste desir.
Mais je la vois, Grands Dieux, que vais-je devenir?
Fuyons, n'attendons pas que mon ame éperduë

SEMIRAMIS,

S'abandonne aux transports d'une si chere vûë.

SCENE II.
AGENOR, TENESIS.

TENESIS.

Ne fuyez point, Seigneur, un cœur si généreux
Ne doit pas éviter l'abord des malheureux.
Hélas ! je ne viens point pour troubler par mes larmes
Un hymen qui pour vous doit avoir tant de charmes ;
Vous ne me verrez point, contraire à vos desirs,
A des transports si doux mêler mes déplaisires ;
Je viens, Seigneur, je viens, tremblante pour un Pere,
Confier à vos soins une tête si chere ;
Embrasser vos genoux ; & d'un si ferme appuy
Implorer le secours moins pour moy que pour luy.
Je ne demande point qu'à la Reine, infidéle,
Pour sauver des ingrats vous vous armiez contre elle,
Tant d'espoir n'entre point au cœur des malheureux ;
Ils ne sçavent former que de timides vœux.
Non d'un amour juré sous de si noirs auspices,

Je n'attends plus, Seigneur, de si grands Sacrifices.
Hélas ! qui m'auroit dit qu'après des soins si doux
Je viendrois sans succès tomber à vos genoux ;
Qu'on ne me répondroit que par un froid silence,
Ah ! d'un regard du moins rendez-moy l'espérance.
Ne suffisoit-il pas du refus de ma main,
Sans me plonger encor le poignard dans le sein ?
Daignez prendre pitié d'une triste Famille,
N'immolez pas du moins le Pere avec la Fille.

AGENOR.

Ah ! ne m'outragez-point par cet indigne effroy ;
Si j'immole quelqu'un ce ne sera que moy.
N'accablez point vous-même un Amant déplorable
Plus malheureux que vous, peut-être moins coupable.
Hélas ! où malgré moy m'avez-vous engagé ?
Dans quel abîme affreux vos rigueurs m'ont plongé ?
Il est vray qu'au dépit mon ame abandonnée
A voulu se venger par un prompt hymenée ;
J'ay fait plus, un devoir sacré quoyqu'inhumain
M'a fait avec fierté rejetter vôtre main ;
Mais on en éxigeoit pour prix un sacrifice
Dont jamais ma vertu n'admettra l'injustice ;
Et si je vous avois acceptée à ce prix,

SEMIRAMIS,

Vous-même ne m'eussiez reçû qu'avec mépris.
Ce n'est pas que mon cœur rebuté de sa chaîne
Se soit un seul moment écarté vers la Reine ;
J'aurois trop à rougir si pour Sémiramis
J'avois abandonné l'aimable Ténésis.
Je la perds cependant si je lui suis fidéle,
Si je luy sacrifie une Reine cruelle,
Je ne suis plus qu'un cœur sans honneur & sans foy.
Sceptre, Maîtresse, honneur, tout est perdu pour moy.
Adieu, Madame, adieu, je vais loin de l'Asie
Signaler la fureur dont mon ame est saisie.
Mais avant mon départ je sauveray Bélus,
Je sauveray la Reine, & ne vous verray plus.
A des périls trop sûrs c'est exposer ma gloire,
Que d'oser à vos yeux disputer la victoire.

TENESIS.

Hélas ! malgré les soins de ce que je me doy,
Que la mienne, Seigneur, sera triste pour moy.
Qu'Agénor frémiroit de mon destin barbare,
S'il sçavoit comme moy tout ce qui nous sépare,
Et de combien d'horreurs nos cœurs son menacez.
Mais sans vous informer de mes malheurs passez,

Je ne souffriray point qu'une flâme si belle
Dont je mérite peu l'attachement fidéle,
Pour tout prix des secours que j'implore pour vous,
Vous fasse renoncer à l'espoir le plus doux.
Quoiqu'il m'en coûte il faut vous donner à la Reine;
Je veux former moy-même une si belle chaîne,
Ne pouvant vous payer que du don de sa foy.
Mais croyez, si ma main eût dépendu de moy,
Que j'aurois fait, Seigneur, le bonheur de ma vie
De voir à vos vertus ma destinée unie;
Et si jamais le Sort pouvoit nous rapprocher,
Que vôtre cœur n'auroit rien à me reprocher.
Je ne vous nieray pas, Seigneur, que je vous aime,
Je trouve à vous le dire une douceur extrême;
Et l'amour n'a point crû deshonorer mon cœur
En y faisant pour vous naître une vive ardeur.
Mais, helas! cet aveu si doux en apparence,
N'en doit pas plus, Seigneur, flater vôtre esperance;
Je ne sçais point former de parjures liens;
Quoyqu'un âge bien tendre ait vû serrer les miens,
Il n'en est pas moins vray qu'un funeste hymenée
Aux loix d'un autre Epoux soumet ma destinée.

AGENOR.

Vous, Madame!

TENESIS.

Et j'ay crû devoir vous révéler
Ce qu'icy vainement je voudrois vous celer.
Ce seroit vous trahir...

AGENOR.

Ah ! cruelle Princesse,
De quel barbare prix payez-vous ma tendresse ?
Et puisqu'enfin j'allois abandonner ces lieux,
Pourquoy me dévoiler ces secrets odieux ?

TENESIS.

Trop d'espoir eût séduit vôtre ame généreuse.

AGENOR.

Mais il en eût rendu la douleur moins affreuse.
Hélas ! que le destin en unissant nos cœurs
S'est bien fait un plaisir d'égaler nos malheurs.
Comme vous à l'hymen engagé dès l'enfance,
Cependant de ses nœuds j'ay bravé la puissance ;
Et de tous les sermens dont j'attestay les Dieux,
Je n'ay gardé que ceux que je fis à vos yeux.
Quelle étoit cependant celle à qui l'hymenée
Du parjure Agénor joignit la destinée ?
J'ignore encor son nom, mais je sçais que jamais
La jeunesse ne vit briller autant d'attraits ;
S'ils ont pû se former, qu'elle doit être belle ?

La seule Ténésis l'emporteroit sur elle.
Près de Synope, un Bois des Mortels révéré...

TENESIS.

Près de Synope ! O Ciel ! qu'avez-vous proféré ?
Ne fût-ce point, Seigneur, près d'un antre terrible
Des Decrets du Destin interpreté invisible ?

AGENOR.

C'est là, pour la premiere & la derniere fois
Que je vis la beauté qu'on soumit à mes loix.
Du Pirôpe éclatant sa tête étoit ornée ;
Sans pompe cependant elle fut amenée ;
Un Mortel vénérable & dont l'auguste aspect
Inspiroit à la fois la crainte & le respect,
Conduisoit à l'Autel cette jeune merveille ;
Age peu different, suite toute pareille,
Un Prêtre, deux Vieillards, nul Esclave après eux ;
De la Pourpre des Rois on nous orna tous deux.

TENESIS.

Mais, Seigneur, à l'Autel ne vit-on point vos Meres ?

AGENOR.

L'un & l'autre avec nous nous n'avions que nos
   Peres.

TENESIS.

Achevez.

AGENOR.
J'ay tout dit.
TENESIS.
Hélas! c'étoit donc vous ?
AGENOR.
Quoy, Madame!
TENESIS.
Ah! Seigneur, vous êtes mon Epoux.
AGENOR.
Moi vôtre Epoux! qui moi! le Fils de Mermécide.
TENESIS.
Ah! Seigneur, ce nom seul de nôtre hymen décide;
Bélus m'en a parlé cent fois avec transport,
D'un Fils qu'il a perdû, plaignant toûjours le sort ;
De celuy des Humains ce Fils doit être Arbitre.
AGENOR.
Mon cœur est moins touché d'un si superbe titre
Que d'un bien...
TENESIS.
Terminons des transports superflus,
Adieu, Seigneur, adieu, je cours chercher Bélus.
Les momens nous sont chers, il faut que je vous
laisse.

SCENE III.

AGENOR, MIRAME.

AGENOR.

Qu'ay-je entendu ! qui moy, l'Epoux de la Princesse !
Et comment ce Bélus si jaloux de son rang,
A-t-il pû se choisir un Gendre de mon sang ?
Mais, quel est donc celui dont le Ciel m'a fait naître,
Si l'Univers en moy doit adorer un Maître ?

MIRAME.

Seigneur, un Etranger qui se cache avec soin
Demande à vous parler un moment sans témoin.

AGENOR.

Qu'il entre, cependant que mon ame agitée
Toute entiere aux plaisirs dont elle est transportée
Auroit besoin icy d'un peu de liberté,

SCENE IV.

MERMECIDE, AGENOR, MIRAME.

AGENOR.

Approchez, vous pouvez parler en sûreté.

MERMECIDE.

D'un secret important chargé de vous instruire...
Mais daignez ordonner, Seigneur, qu'on se retire.

AGENOR à Mirame.

Sortez, hé bien quel est ce secret important ?
Hâtez-vous, tout m'appelle ailleurs en cet instant.

MERMECIDE.

Seigneur, dans ce Billet que j'ose icy vous rendre...

AGENOR.

De quelle main ?

MERMECIDE.

Lisez, & vous allez l'apprendre.

AGENOR.

C'est de Bélus, sans doute, & son cœur généreux
Daigne encor... mais lisons, arrête, malheureux.

Mermécide tire un poignard.

D'une si foible main qu'esperes-tu, perfide ?

Mais qu'eſt-ce que je vois ! Grands Dieux, c'eſt Mermécide !

MERMECIDE.

Ciel, que vois-je à mon tour ! Mérodate, mon Fils !
Et pour comble d'horreurs parmy mes ennemis.

AGENOR.

Seigneur, ne mêlez point d'amertume à ma joye ;
Pénétré du bonheur que le Ciel me renvoye,
Mon cœur ne reſſentit jamais tant de douceur.

MERMECIDE.

Et le mien n'a jamais reſſenti tant d'horreur.
En quels lieux m'offrez-vous une tête ſi chere ?

AGENOR.

O Ciel ! à quels tranſports reconnois-je mon Pere ?

MERMECIDE.

Dieux, ne m'a-t-il couté tant de ſoins, tant de pleurs,
Que pour le voir luy ſeul combler tous mes malheurs ?
De l'éclat qui vous ſuit que mon ame allarmée,
Cruel, en d'autres lieux auroit été charmée.
Ah ! Fils trop imprudent, que faites-vous icy ?
De vôtre ſort affreux tremblez d'être éclaircy.
Mais j'apperçois la Reine, ingrat, & je vous laiſſe,

AGENOR.

Ah, de noms moins cruels honorez ma tendresse;
Du plaisir de vous voir ne privez point mes yeux;
Vous n'avez près de moi rien à craindre en ces lieux.

SCENE V.

SEMIRAMIS, AGENOR, MERMECIDE.

SEMIRAMIS.

Que faites-vous, Seigneur, & quel soin vous arrête,
Lorsque mille périls menacent nôtre tête?
Babylone en fureur s'arme de toutes parts,
On a déja chassé nos Soldats des remparts;
De ce Palais bien-tôt les Mutins sont les Maîtres,
Si ce bras triomphant n'en écarte les Traîtres.
Venez, Seigneur, venez accompagné de moy,
Leur montrer leur Vainqueur, mon Epoux & leur Roy.
Hé quoy, loin de voler où ma voix vous appelle,
De nos périls communs négligeant la nouvelle,
A peine vous daignez., mais que vois-je avec vous!
Mon ennemy, Seigneur, & le plus grand de tous!

Ah

Ah traître, enfin le Ciel te livre à ma vengeance.

AGENOR.

Daignez de ces transports calmer la violence.
De quels crimes s'est donc noircy cet Etranger,
Pour forcer une Reine à vouloir s'en venger ?

SEMIRAMIS.

De quels crimes, Seigneur ? le perfide le lâche,
Mais envain à la mort vôtre pitié l'arrache ;
Le Ciel même dût-il s'armer en sa faveur,
Rien ne peut le souftraire à ma juste fureur.

AGENOR.

Je vous ay déja dit que j'ignore son crime,
Quel qu'il soit cependant j'adopte la victime ;
Cet Etranger m'est cher, j'ose même aujourd'huy
Icy, comme de moy, vous répondre de luy.
Dés mes plus jeunes ans je connois Mermécide.

SEMIRAMIS.

Vous n'avez donc connu qu'un rebelle, un perfide,
Indigne de la vie & de vôtre pitié,
Que loin de dérober à mon inimitié
Vous devriez livrer vous-même à ma justice,
Ou m'en laisser du moins ordonner le supplice ;
Pour le priver, Seigneur, d'un si puissant secours,
Faut-il vous dire encor qu'il y va de mes jours ?

G

Mais, ingrat, ce n'est pas ce qui vous interesse.
Envain je fais pour vous éclater ma tendresse,
Ce généreux secours qu'on m'avoit tant promis
Se termine à sauver mes plus grands ennemis.

AGENOR.

Madame, si le Ciel ne vous en fit point d'autres,
Vous me verrez long-tems le Protecteur des vôtres;
Si celuy-cy sur-tout a besoin de secours,
Jusqu'au dernier soupir je deffendray ses jours;
Il n'est empire, honneur que je ne sacrifie
Au soin de conserver une si chere vie.

SEMIRAMIS.

Ah! qu'est-ce que j'entends? je ne sçais quelle horreur [cœur.
Se répand tout-à-coup jusqu'au fond de mon
Je ne vois dans leurs yeux qu'un trouble qui me glace. [passe?
Seigneur, entre vous deux qu'est-ce donc qui se
Quel interêt si grand prenez-vous à ses jours?

AGENOR.

Est-il besoin encor d'éclaircir ce discours?
Voulez-vous qu'à vos coups j'abandonne mon Pere?

MERMECIDE.

Non, je ne le suis pas, mais voilà vôtre Mere.

AGENOR.

Ma Mere !

SEMIRAMIS.

Luy mon Fils ! Grands Dieux qu'ay-je entendu?
Cher Agénor, hélas ! je vous ay donc perdu.

MERMECIDE.

Heureuse bien plûtôt qu'en cette horrible flâme
Un myſtére plus long n'ait point nourry vôtre ame!
Je n'ay laiſſé que trop Ninias dans l'erreur,
Je frémis des périls où j'ay livré ſon cœur.
Hé qui pouvoit prévoir qu'une ardeur criminelle
Rélégueroit au loin la Nature infidéle ?
Revenez tous les deux de vôtre étonnement ;
Et vous, Reine, encor plus de vôtre égarement.
Voilà ce Ninias ſi digne de ſon Pere,
Mais à qui les Deſtins devoient une autre Mere.

NINIAS.

Mermécide, arrêtez, c'eſt ma Mere, & je veux
Qu'on la reſpecte autant qu'on reſpecte les Dieux.
Je n'oublieray jamais que je luy dois la vie ;
Et je ne prétends pas qu'aucun autre l'oublie.

SEMIRAMIS.

Non, tu n'es point mon Fils, envain cet Impoſteur
Prétend de mon amour démentir la fureur ;

Si tu l'étois, déja la voix de la Nature
Eût détruit de l'Amour la premiere imposture.
Il n'est qu'un seul moyen de me montrer mon Fils,
C'est par un prompt secours contre mes ennemis ;
Qu'à mon couroux sa main prête son ministére,
Qu'il t'immole, à ce prix je deviendray sa Mere.
Mais je ne la suis pas, je n'en ressens du moins
Les entrailles, l'amour, les remords, ni les soins.
Cruel, pour me forcer à te céder l'Empire,
Il suffisoit de ceux que mon amour m'inspire ;
Tu n'avois pas besoin d'emprunter contre luy
D'un redoutable nom l'incestueux appuy.
Va te joindre à Bélus, cœur ingrat & perfide,
Rends-toy digne de moy par un noir parricide ;
Viens toy-même chercher dans mon malheureux flanc
Les traces de Ninus & le sceau de ton sang.
Mais soit Fils, soit Amant, n'attends de moy barbare,
Que les mêmes horreurs que ton cœur me prépare.
Comme Fils n'attends rien d'un cœur ambitieux,
Comme Amant encor moins d'un amour furieux.
Je périray le front orné du Diadême,
Et s'il faut te ceder, tu périras toy-même.

Ingrat, je t'aime encor avec trop de fureur,
Pour te sacrifier aux transports de mon cœur;
Garde-toy cependant d'une Amante outragée,
Garde-toy d'une Mere à ta perte engagée.
Adieu, fuis sans tarder de ces funestes lieux;
Respectes-y du moins Mere, Amante, ou les Dieux.

NINIAS.

Ouy, je vais vous prouver par mon obéïssance,
Combien le nom de Mere a sur moy de puissance.
Puisse à vôtre grand cœur, ce nom qui m'est si doux,
N'inspirer que des soins qui soient dignes de vous.

SCENE VI.

SEMIRAMIS, PHENICE.

SEMIRAMIS.

Ingrat, quels soins veux-tu que la Nature inspire
A ce cœur qui jamais n'en reconnut l'empire?
Ce cœur infortuné que l'Amour a séduit,
A t'aimer comme un Fils fut-il jamais instruit?
Un moment suffit-il pour éteindre une flâme
Que le couroux du Ciel irrite dans mon ame?
Penses-tu qu'en un cœur si sensible à l'Amour,

L'effort d'en triompher soit l'ouvrage d'un jour?
Parce que tu me hais tu le trouve facile.
Ta vertu contre moy te sert du moins d'azile.
Nature trop muette, & vous Dieux ennemis,
Instruisez-moy du moins à l'aimer comme un Fils ;
Ou prêtez-moy contre elle un secours favorable,
Ou laissez-moy sans trouble une flâme coupable.
Mais, pourquoy m'allarmer de ce Fils imposteur
Supposé par Bélus, démenti par mon cœur ?
Quelle foy près de luy doit trouver Mermécide ?
Puis-je en croire un moment un témoin si perfide ?
Ninias ne vit plus, un frivole soucy?..

PHENICE.

Mégabize en mourant n'a que trop éclaircy
Ce doute malheureux où vôtre cœur se livre ;
Madame, Ninias n'a point cessé de vivre ;
Avez-vous oublié tout ce que de son sort
Vient de vous révéler un fidéle rapport ?
Et quel funeste espoir peut vous flater encore,
Puisqu'enfin Ténésis est celle qu'il adore ?
Vous seule l'ignorez, lorsque toute la Cour
Retentit dès long-tems du bruit de son amour.
Loin d'en croire aux transports qui séduisent vôtre
   ame,

Dans ce péril preſſant ſongez à vous, Madame.

SEMIRAMIS.

Qu'eſpéres-tu de moy dans l'état où je ſuis?
Déteſter mes forfaits eſt tout ce que je puis.
Toute en proye aux horreurs dont mon ame eſt troublée,
Je céde au coup affreux dont je ſuis accablée;
Je ſuccombe, Phénice, & mon cœur abbatu
Contre tant de malheurs ſe trouve ſans vertu.
Mais quoy, ſeule à gémir de mon ſort déplorable
J'en laiſſerois joüir le cruel qui m'accable!
Mon Sceptre & mon amour m'ont couté trop d'horreurs
Pour n'y pas ajoûter de nouvelles fureurs;
Quelque deſtin pour eux que mon cœur ait à craindre,
Le Vainqueur plus que moy ſera peut-être à plaindre.
Non, je ne verray point triompher Ténéſis
Des malheurs où le Sort réduit Sémiramis.
Sur l'objet que ſans doute un ingrat me préfére,
Il faut que je me vange & d'un Fils & d'un Frere,
Elle eſt entre mes mains, & le fidéle Arbas
Au gré de mon couroux a juré ſon trépas,

Rentrons, c'est dans le sang d'une indigne Rivale
Qu'il faut que ma fureur desormais se signale.
Embrasons ce Palais par mes soins élevé,
Sa cendre est le tombeau qui m'étoit réservé.
C'est là que je prétends du sang de son Amante,
Offrir à Ninias sa cendre encor fumante.
L'ingrat qui croit peut-être insulter à mon sort,
Donnera malgré luy des larmes à ma mort.

Fin du quatriéme Acte.

ACTE V.

SCENE PREMIERE.

SEMIRAMIS.

Que deviens-je ? où fuiray-je ? Amante déplorable,
Epouse sans vertu, Mere encor plus coupable,
Où t'iras-tu cacher ? quel gouffre assez affreux
Est digne d'enfermer ton amour malheureux ?
Tu n'en fis pas assez, Reine de sang avide,
Il falloit joindre encor l'inceste au parricide,
Tes vœux n'auroient été qu'à demy satisfaits.
Grands Dieux, devois-je craindre après tant de forfaits,
Après que mon Epoux m'a servi de victime,
Que vous pussiez encor me reserver un crime ?
Terre, ouvre-moy ton sein, & redonne aux Enfers
Ce Monstre dont ils ont effrayé l'Univers ;
Dérobe à la clarté l'abominable flâme

Dont les feux du Ténare ont embrasé mon ame.
Dieux, qui m'abandonnez à ces honteux transports,
N'en attendez, cruels, ny douleur ny remords ;
Je ne tiens mon amour que de vôtre colére,
Mais pour vous en punir mon cœur veut s'y complaire ;
Je veux du moins aimer comme ces mêmes Dieux
Chez qui seuls j'ay trouvé l'éxemple de mes feux.
Cesse de t'en flater, malheureuse Mortelle,
Où crois-tu de tes feux trouver l'affreux modéle ?
Et quel indigne espoir vient t'agiter encor ?
Crois-tu dans Ninias retrouver Agénor ?
Contente-toy d'avoir sacrifié le Pere,
Et reprends pour le Fils des entrailles de Mere.
Dangéreux Ninias, ne t'avois-je formé
Si grand, si généreux, si digne d'être aimé,
Que pour me voir moy-même adorer mon ouvrage,
Et trahir la Nature à qui j'en dois l'hommage.
Mais de quel bruit affreux... Ciel qu'est-ce que je voy !
Phénice où courez-vous ? & d'où naît vôtre effroy ?

SCENE II.
SEMIRAMIS, PHENICE, ARBAS.

PHENICE.

Fuyez, Reine, fuyez, vos Soldats vous trahissent;
Du nom de Ninias tous ces lieux retentissent;
A peine a-t-il paru, qu'à son terrible aspect,
Vos Gardes n'ont fait voir que crainte & que respect.
La fierté dans les yeux, & boüillant de colére,
J'ay vû luy-même encor vôtre perfide Frere
Des Soldats mutinez échauffant la fureur,
Ordonner à grands cris le trépas de sa Sœur.
Où sera vôtre azile en ce moment funeste?

SEMIRAMIS.

Va, ne crains rien pour moy tant qu'un soupir me reste.
Au gré de son couroux le Ciel peut m'accabler,
Mais ce sera du moins sans me faire trembler.
Arbas, je sçais pour moy jusqu'où va vôtre zéle,
Et vous êtes le seul qui me restiez fidéle;
En remettant icy la Princesse en vos mains,
Je vous ay déclaré quels étoient mes desseins.

Allez & vous rendez par vôtre obéïssance
Digne de mes bienfaits & de ma confiance.
Songez dans quels périls vous vous précipitez
Si ces ordres bientôt ne sont éxecutez.
Et nous, allons, Phénice, au-devant d'un Barbare
Nous exposer sans crainte à ce qu'il nous prépare;
Viens me voir terminer mon déplorable sort;
Suis-moy, je vais t'apprendre à méprifer la mort.
Mais qu'est-ce que je vois... ah couroux si terrible!
Qu'à cet aspect si cher vous devenez fléxible.

SCENE III.

NINIAS, SEMIRAMIS, PHENICE.

SEMIRAMIS.

Traître, que cherches-tu dans ces augustes [lieux?

NINIAS.

La mort, ou le seul bien qui me fut prétieux.
Ce que j'y cherche? hélas! j'y viens chercher ma
 Mere,
J'y viens livrer un Fils à toute sa colére.

SEMIRAMIS.

Toy mon Fils, toy cruel, l'objet de ma fureur,

TRAGEDIE.

Que je ne puis plus voir sans en frémir d'horreur.
Tandis que devant moy ton orgueïl s'humilie,
Je vois que tu voudrois pouvoir m'ôter la vie;
Mais Ténéfis retient un si noble couroux,
Incertain de son fort on tremble devant nous,
On vient livrer un Fils à toute ma colére,
Tandis qu'au fonds de l'ame on déteste sa Mere.
Tu m'as plainte un moment, perfide, mais ton cœur
S'est bientôt rebuté de ce soin imposteur.
Juge si je puis voir sans un excès de joye
Les douloureux transports où ton ame est en proye.
Regarde en quel état un déplorable amour
Réduit l'infortunée à qui tu dois le jour;
Prive-moy de celuy qu'à regret je respire,
Ne t'en tiens point au soin de me ravir l'Empire,
Arrache-moy du moins aux horribles transports
Qui s'emparent de moy malgré tous mes efforts.
Quoyqu'il ne fut jamais Mere plus malheureuse,
Mon sort doit peu toucher ton ame généreuse;
Dès que le crime seul cause tous nos malheurs,
On ne doit plus trouver de pitié dans les cœurs.

NINIAS.

Que le mien cependant est sensible à vos larmes;
Que ce sont contre un Fils de redoutables armes.

Quel que soit le dessein qui m'ait conduit icy,
Avez-vous pû penser que ce Fils endurcy,
Desherité des soins que la Nature inspire,
Ait voulu vous priver du jour ou de l'Empire?
Ah ma Mere, souffrez malgré vôtre couroux,
Que d'un nom si sacré je m'arme contre vous;
Vôtre fureur envain me le rend redoutable;
Envain on vous reproche un crime épouvantable;
Les Dieux en ont semblé perdre le souvenir,
Je dois les imiter loin de vous en punir.
Rendez-moy vôtre cœur, mais tel que la Nature
Le demande pour moy par un secret murmure.
Ou je vais à vos pieds répandre tout ce sang
Que mon malheur m'a fait puiser dans vôtre flanc.
Rendez-moy Ténésis, rendez-moy mon Epouse;
Est-ce à moy d'éprouver vôtre fureur jalouse?

SEMIRAMIS.

Maître de l'Univers, c'en est trop, levez-vous;
Ce n'est pas au Vainqueur à fléchir les genoux.
Arbitre Souverain de ce superbe Empire,
Quels cœurs à vos souhaits ne doivent point sous-
 crire?
Jugez si c'est à moy d'en retarder l'espoir;
Puisque c'est le seul bien qui reste en mon pouvoir.

Je vais sans différer contenter vôtre envie ;
Vous rendre Ténéfis, mais ce sera sans vie.
NINIAS.
Ah si je le croyois...
SEMIRAMIS.
Je brave ta fureur,
Fils ingrat, mon supplice est au fonds de mon cœur.
Menace, tonne, éclate, & m'arrache une vie
Que déja tant d'horreurs m'ont à demy ravie ;
Ose de mon trépas rendre ces lieux témoins,
Te voilà dans l'état où je te crains le moins.
Tes soins & ta pitié me rendoient trop coupable,
Et mon dessein n'est pas de te trouver aimable.
Je fais ce que je puis pour exciter ta main
A me plonger, Barbare, un poignard dans le sein.
Et qu'ay-je à perdre encore en ce moment funeste ?
La lumiére du Ciel que mon ame déteste ?
La mort de mon Epoux, graces à mes transports,
N'est plus un attentat digne de mes remords.
Et tu crois m'effrayer par des menaces vaines ?
Cruel, un seul regret vient accroître mes peines,
C'est de ne pouvoir pas au gré de ma fureur
Immoler à tes yeux l'objet de ton ardeur.

NINIAS.

O Ciel, vit-on jamais dans le cœur d'une Mere
D'auſſi coupables feux éclater ſans myſtére ?
Dieux, qui l'aviez prévû, falloit-il en ſon flanc
Permettre que Ninus me formât de ſon ſang ?
Que vous humiliez l'orgüeil de ma naiſſance !

à Bélus.

Ah, Seigneur, eſt-ce vous ? que de vôtre préſence
Mon cœur avoit beſoin dans ces momens affreux;
Qu'ils ont été pour moy triſtes & rigoureux.
Mais quoy, ſans Ténéſis !

SCENE IV.

NINIAS, SEMIRAMIS, BELUS, PHENICE, MERMECIDE, MADATE, MIRAME, GARDES.

BELUS.

La douleur qui me preſſe
Annonce aſſez, mon Fils, le ſort de la Princeſſe.

SEMIRAMIS *à part.*

L'auroit-on immolée au gré de mes ſouhaits ?

BELUS.

Seigneur, j'ay vainement parcouru ce Palais,
Envain dans ses détours ma voix s'est fait entendre,
De son triste destin je n'ay pû rien apprendre.
C'en est fait pour jamais vous perdez Ténésis.
Mais que vois-je, avec vous, Seigneur, Sémiramis!
Hé quoy, cette inhumaine est en vôtre puissance,
Et ma Fille & Ninus sont encor sans vengeance?
Sourd à la voix du sang qui s'éléve en ces lieux,
Dans leur foible couroux imitez-vous les Dieux?
Et toy dont la fureur désole ma Famille,
Barbare, répond-moy, qu'as-tu fait de ma Fille?

SEMIRAMIS.

Ce que ton lâche cœur vouloit faire de moy;
Et ce que je voudrois pouvoir faire de toy.
Mais qu'est-ce que je vois? ô Ciel, je suis trahie!

NINIAS *à Ténésis*.

Quoy, Madame, c'est vous? une si chere vie...

SCENE DERNIERE.

NINIAS, TENESIS, SEMIRAMIS, BELUS, MERMECIDE, MIRAME, MADATE, PHENICE, GARDES.

TENESIS.

SEigneur, si c'est un bien pour vous si prétieux,
Rendez grace à la main qui nous rejoint tous deux,
en montrant Mermécide.

Vous voyez devant vous l'Etranger intrépide
Par qui j'échape aux coups d'une main parricide.
Reine, rassurez-vous, Ténésis ne vient pas
Vous reprocher icy l'ordre de son trépas;
Je viens pour implorer & d'un Fils & d'un Frere
La grace d'une Sœur & celle d'une Mere,
Ou me livrer moy-même à leur juste couroux;
C'est ainsi que mon cœur veut se venger de vous.
à Ninias.

Seigneur, si ma priere a sur vous quelque empire,
C'est l'unique faveur que de vous je desire;
L'une & l'autre daignez l'accorder à mes vœux.

SEMIRAMIS.

Madame, je dois trop à ces soins généreux;

Cette noble pitié, quoyque peu defirée,
N'en eft pas moins icy digne d'être admirée.
Je ne m'attendois pas à vous voir aujourd'huy
Dans mon propre Palais devenir mon appuy.
Joüiffez du bonheur que le Ciel vous renvoye,
Je n'en troubleray plus la douceur ny la joye;
Je rends graces au Sort qui nous raffemble icy,
Vous voilà fatisfaits, & je le fuis auffy.

Elle fe tuë.

NINIAS.

Ah jufte Ciel !

SEMIRAMIS.

Ingrat, ceffe de te contraindre ;
Après ce que j'ay fait eft-ce à toy de me plaindre ?
Que ne me plongeois-tu le poignard dans le fein,
J'aurois trouvé la mort plus douce de ta main.
Trop heureux cependant qu'une Reine perfide
Epargne à ta vertu l'horreur d'un parricide.
Adieu, puiffe ton cœur content de Ténéfis,
Mon Fils, n'y pas trouver une Sémiramis.

Elle meurt.

FIN.

www.ingramcontent.com/pod-product-compliance
Lightning Source LLC
LaVergne TN
LVHW050631090426
835512LV00007B/786